DE LA MÊME AUTEURE

Aux Éditions Gallimard

AIMEZ-VOUS LES UNS LES AUTRES, roman, 2022.

FOREVER YOUNG

MARUSKA LE MOING

FOREVER YOUNG

roman

nrf

GALLIMARD

May God bless and keep you always,
May your wishes all come true,
May you always do for others
And let others do for you.
May you build a ladder to the stars
And climb on every rung,
May you stay forever young.

BOB DYLAN,
Forever young

Finalement, finalement,
il nous fallut bien du talent,
pour être vieux sans être adultes.

JACQUES BREL,
La Chanson des vieux amants

Heidi est filmée en contre-plongée, alanguie, sur une peau de léopard. Ses cheveux roux, mouillés – elle sort du bain, sûrement –, gouttent sur ses seins puis sur le pelage de l'animal mort. Tout en elle est désirable, il n'y a qu'à voir ses pieds charmants, arqués, posés au sol sur la seule pointe. On peut ensuite caresser du regard les tendres mollets galbés, les fines cuisses nivéennes, remonter jusqu'au t-shirt oversize, imprimé de L et de V majuscules, de fleurettes, de carrés, de losanges, comme sur les vieux carrelages de cuisine, comme sur ce cuir brun qui fait la fortune d'un grand groupe de luxe français.

Si seulement on pouvait souffler sur l'étoffe légère, d'un soupir dévoiler ce corps indolent, effleurer la peau blanche et ferme qui invite au péché.

Elle approche de ses lèvres un immense verre de vin au calice enflé, prend une gorgée et déglutit avec délectation. Au-dessus d'elle trône une gigantesque nature morte figurant un bol empli de pigments verts : oxydes de chrome, carbonates de calcium et terre de Vérone.

Heureuse, la fille aux lèvres rouges clôt les paupières ; 789 000 followers envient sa volupté. Certains mâles, même, derrière leur écran, l'accompagnent jusqu'au plaisir, tandis qu'à l'arrière-plan les pigments s'enflamment. Le tableau incandescent menace d'embraser la pièce, de carboniser la starlette et l'homme qui la filme.

Mais le temps est écoulé, l'image se dérobe trop vite et dans le nouveau chapitre c'est l'heure du dîner. Heidi ouvre grand la bouche, écarte une mèche de cheveux cuivrée, cligne de l'œil, espiègle, et s'apprête à dévorer une pelote de pâtes fraîches. Puis zoom sur son assiette où il pleut des copeaux sombres, violacés et veinés de blanc. On entend la voix de l'homme, « have some more truffle », on voit ses mains, juvéniles mais galantes, qui se substituent au serveur et râpent un petit caillou bosselé, hors de prix. Puis l'image remonte vers le visage de leur propriétaire : échevelé, rayonnant, Aurélien a son ancien sourire de premier de classe aux genoux cagneux. Il tient sa revanche.

#truffle #paris #iloveparis #happiness #latenightdiner #soromantic

Bérénice, hypnotisée, touche l'écran sur la gauche, revient en arrière et visionne à nouveau la séquence.

PARTIE 1

Lorsque, pour la première fois, Bérénice voit Aurélien, elle le trouve beau. Alors même qu'il ne l'est franchement pas. Grand et maigre, il rend visite à son ami Victor, monté lui aussi à la capitale après les concours de juin mais ayant échoué pour sa part en école de commerce.

À peine Aurélien pénètre-t-il dans le hall colonisé par des tablées d'étudiants égrillards, à peine Victor lui fait-il signe de la main que, comme un seul homme, toute l'assemblée frustrée par deux ans d'études et de continence se retourne et se met à hurler : Le pichet, le pichet, le pichet ! Les filles aussi, même les graciles et distinguées de l'ouest parisien, se mêlent à la criée, les joues rouges et la bouche béante : Le pichet ! Le littéraire, major de Normale sup, a été annoncé, on l'attend de pied ferme.

La foule estudiantine scande ensuite un chant tribal tournant en dérision les littéraires rêveurs, les scientifiques boutonneux, vantant la vie, la vraie, celle qu'on vit en école de commerce, jusqu'à ce qu'on pose sur la table, face à Aurélien, le broc de vin rouge plein à ras bord. Le jeune homme cherche à maîtriser le tremblement de ses mains, puis sans retirer son manteau, sous les regards provocateurs de ses pairs, saisit le pichet et avale le demi-litre, debout, cul sec, comme on le lui a intimé. Il sait à cet instant qu'il vit son premier jour d'homme.

Des gouttes coulent, ruissellent le long de son menton glabre, tachent la chemise de marque achetée avec sa première paie, puis tombent sur la nappe de papier gaufré.

« C'est qui ce type ?

— Aurélien Viotti, major de Normale sup », glisse Daphné.

Qu'est-ce qu'il fait là, ce normalien, au bout du RER C, au lieu de lire Rilke dans son école de seigneurs en plein cœur de Paris ? Elle saisit le premier prétexte pour l'aborder : Je m'appelle Bérénice. Mais à cause de ma grand-mère qui était tragédienne, et non d'Aragon. Pas de malédiction entre nous donc. Enhardi par le demi-litre de côtes-de-bourg âpre encore au palais, Aurélien retire enfin son manteau – la chemise trop ajustée laisse voir les stries osseuses du thorax – et réplique : Oh, elle a lu ce roman ? Comme il aime Aragon, sa nostalgie, sa mondanité ironique. Ah non, trop de mollesse et d'hésitation dans cette histoire d'amour ! Tu as vu, tu as taché ta chemise.

Elle effleure les traînées sanglantes sur la popeline bien repassée ; il sourit pour donner le change. On s'en fout, non ?

Elle, poitrine serrée dans un débardeur de viscose blanc, cheveux défaits déjà, voulant débattre du roman qu'elle n'a jamais fini : Comment ça, on s'en fout ?

D'Aragon ou de ta chemise ? La guerre, meilleur prélude à l'amour.

Bérénice poursuit sa harangue, se rapproche de lui qui, ivre déjà et subjugué, se tait. Une remarque particulièrement séditieuse arrache cependant Aurélien à cette douce torpeur. « Tu ne peux pas dire ça ! Il y a une sorte de beauté suspendue chez Aragon. » Il le prouve en déclamant un poème. Dans la laideur du décor, au milieu des étreintes hâtives d'anciens préparationnaires mal débourrés, les mots percent la musique assourdissante : *J'ai traversé les ponts de Cé / C'est là que tout a commencé.* La horde désarticulée autour d'eux vocifère une chanson irlandaise de Michel Sardou. Vient-il de parler de *corsage délacé* ? Est-ce une invitation ? *Et j'ai bu comme un lait glacé / Le long lai des gloires faussées.* C'est quoi un lai ? demande-t-elle. Elle n'entend pas la réponse et désigne le gobelet en plastique, empli de whisky-coca qu'il tient à la main : Tu m'en donnes une gorgée, à défaut de lait glacé ?

Yeux dans les yeux, ils avalent alors l'infâme philtre d'amour, et dans la brume formée par la chaleur humaine et les vibrations obstinées des baffles, Bérénice ne voit plus que ce visage de novice, les beaux yeux bleus brouillés par l'alcool, la bouche entrouverte, la lèvre du dessus fine et avide. Elle croit percevoir en lui des restes de bonté timide, une certaine candeur même, accentuée par le contraste de la foule éructante, tandis qu'Aurélien récite toujours, évoque une *prairie où vient danser une éternelle fiancée.* Pour les fiançailles Bérénice ne peut pas encore s'engager, mais ce qui est certain c'est qu'il n'y aura bientôt plus de RER pour Paris et qu'il peut dormir dans sa chambre s'il veut.

Ils traversent donc le parc, méprisant le froid, puis elle pousse la porte de la résidence étudiante, le guide par la main dans le couloir, sous la lumière ingrate des néons, lui faisant face, marchant à reculons, évitant de justesse un couple déjà presque encastré, Aurélien ne s'arrêtant plus de réciter, des histoires maintenant de roses, de réséda, de muscat. Avant qu'il n'entame un nouveau poème, elle met sa langue dans sa bouche pour le faire taire.

*

À cause de toutes ces fleurs, de l'alcool et de la nuit avancée, quand Aurélien franchit le seuil de la chambre et pose le pied sur le sol en PVC, sa superbe soudain le quitte. Le poète s'immobilise, paralysé, et plus personne pour délacer le corsage de Bérénice. Dans le studio témoin, alors qu'elle défait les boutons de sa chemise tachée, il se trouve trop nu, trop jeune, trop maigre, empêche Bérénice de défaire sa ceinture, de se mettre à genoux, retarde la catastrophe en l'embrassant, pétrissant ses seins avec l'ardeur du désespoir. Elle s'applique. Lui aussi. C'est un désastre.

Il ne leur reste plus qu'à se coucher dans le petit lit, sous le drap trop fin et la couverture en polaire qui fait de l'électricité. Bérénice s'étale de tout son long sur le corps anguleux, frigorifié, enserre la frêle cage thoracique, goûte cette peau nouvelle, très blanche, très douce, attendrie par son air d'enfant penaud, et ils discutent. De poésie, de littérature et de plein d'autres choses, banales et délicieuses.

Tu fais ce que tu veux, Bennie. Personne ne l'a obligée à faire une prépa, ni à passer en juin dernier les concours des écoles de commerce. Pas son père en tout cas, qui n'a fréquenté ni classe préparatoire, ni fac, ni lycée. Elle ne peut s'en prendre qu'à elle-même si elle est maintenant barbouillée de business et de management.

Les diplômes ne font pas tout, Bennie. Je sais, papou. Titulaire du seul certificat d'études, Michel a pourtant eu une carrière bien remplie : coursier, maquettiste, illustrateur pour la pub, la presse et l'édition, prof de trompe-l'œil aux Arts-Déco, puis peintre. C'était une autre époque, papou. Honnête parcours cependant, pour un fils de boulanger débarqué de Brest, manquant peut-être d'ors et de gloire, mais qui lui a permis d'élever seul Bérénice, dans un duplex s'il vous plaît – minuscule, certes, mais lumineux –, de l'emmener en vacances presque tous les étés, alors que d'autres, petits prodiges des Beaux-Arts, anciennes coqueluches des FIAC ou des biennales, parviennent à peine à vivre de leur art. Et puis il a quand même exposé rue Bonaparte, réalisé pendant un temps les illustrations de la plus grande marque de pneus française, et travaillé avec une grande maison d'édition de posters. Et qui exporte aujourd'hui jusqu'à Chicago ? Il sourit. Je sais, papou. Et pour cause. C'est Bérénice qui l'a inscrit sur cette plateforme, elle qui photographie les toiles, les met en ligne, négocie en anglais avec les clients, répertorie les commandes, se charge des envois, achète les cartons télescopiques et confectionne les colis en prenant soin de laisser un espace entre la toile et l'emballage pour ne pas abîmer le vernis. La commission est abusive – pas pire que ces cons de galeristes, tu sais –, les acheteurs rares et les prix calamiteux, mais l'important, c'est qu'après le spleen de la retraite forcée aux Arts-Déco et la dégénérescence de son œil gauche, Michel s'est remis à peindre, malgré les doigts qui se tordent d'arthrose, fier de ses 2 600 views et du tournant international que prend sa carrière. Et tout ça sans le baccalauréat !

Pourtant, il garde en secret tous les bulletins de sa fille unique et observe, ébahi, son ascension scolaire. Le processus débuta tôt : dès le dernier jour du CP, quand la mère de Bérénice décida, pour fêter la fin de l'école, de sauter par la fenêtre de la cuisine. L'enfant prit alors les vacances en horreur et s'enferma dans sa chambre, entourée de cahiers de vacances. La fille comme le père – qui avait d'ailleurs l'âge d'être grand-père – se noyèrent l'un comme l'autre dans le travail. Michel dessinait, raturait, cravachait pour le loyer, le quotidien, et durant son temps libre ne peignait plus que d'oblongues boîtes bleues, à l'image de l'urne funéraire où l'on avait fait entrer sa femme, de vingt-cinq ans sa cadette

– il était pourtant prévu que ce soit elle qui l'enterre. La série plut à une maison d'édition graphique qui prit les urnes pour des vases, et il y eut des cartes postales, des posters et des calendriers en hommage involontaire à la suicidée, tandis que Bérénice – que son père chérissait plus que tout et n'appelait que Bennie –, dans sa chambre, lisait, révisait, accumulait les bonnes notes, et comptait bien vite intégrer un établissement scolaire digne de ce nom.

Aurélien quitte la couette à regret et se rue vers la petite plaque de cuisson. Nu, grand, maigre et démantibulé, il piétine pour se réchauffer. La thurne d'étudiant est glaciale. Il prépare du café dans la cafetière turque offerte par la nonna, en cuivre et argent tout de même, dont le manche brûle les mains. Aucun des deux n'aime vraiment le café mais ils tentent d'y prendre goût puisque c'est la potion de l'âge adulte, un allongé s'il vous plaît. Ils relisent ensemble, à quatre yeux, le même exemplaire du roman d'Aragon, assis en tailleur sur le lit, adossés au mur, sous la couette une personne, le livre tenu par Bérénice, posé sur son genou gauche, à équidistance de leurs têtes. Aurélien – le vrai, le nôtre, pas celui du roman – la devance, avale les phrases à toute allure, retient les noms propres, les détails de l'intrigue, sourit à l'avance d'un bon mot placé en fin de double page, voudrait déjà passer au verso et patiente en embrassant le cou de sa colectrice, forcée de parcourir les pages en diagonale pour tenir la cadence.

Il admire le héros qui porte son prénom. Lui aussi,

plus tard, habitera l'île Saint-Louis, au cœur de la ville avec vue sur la Seine ! Il écrira des romans la journée, et le soir, recevra beaucoup, acceptera à bras ouverts les visiteurs impromptus, aura lui aussi une bonne à demeure. « Tu sais qu'on ne dit plus "bonne" depuis un demi-siècle ?

— Ça dépend si c'est un substantif ou un adjectif. Le qualificatif te va bien je trouve. »

Bérénice s'amuse de sa hardiesse forcée, attendrie par ses efforts pour ne plus être le malingre premier de classe. Et qui sait s'il ne gagnera pas avec les femmes l'aplomb qu'il a face au savoir ? Normalien, Daphné ! Major de promo ! Il ne faut pas le lâcher, ne serait-ce que pour les gènes de nos futurs enfants. Jadis moqué par la foule boutonneuse d'un lycée genevois, aujourd'hui roi de Bérénice, donc presque roi du monde. Il a tout lu, je te jure. Les *Essais* en entier, Pascal, Goethe dans le texte, tous ces bouquins qu'on citait en dissert après avoir parcouru trois extraits, lui les a vraiment lus, appréciés, en a appris par cœur des passages entiers, il connaît des milliers de poèmes et toutes les capitales du monde. Il va même à l'opéra. À cause de sa grand-mère italienne qui aime le faste, les dorures et la musique classique. Je t'ai dit qu'il m'invitait à voir *Don Giovanni* la semaine prochaine ?

La nonna est arrivée de Genève. Elle juge la chambre d'étudiant nue et triste. Poverino, non hai nemmeno le tende ! Devi svegliarti all'alba[1] ! Elle achète du velours bleu, épais, comme dans les théâtres, pour en faire des tentures qui absorberont la lumière. Comment peut-il se consacrer pleinement aux études s'il dort mal ? C'est important le sommeil.

La nonna demande à l'amie parisienne, l'amie de jeunesse, qui s'appelle Madeleine mais qu'elle appelle Magda, Magda qui partageait sa chambre au sanatorium, en haut du plateau d'Assy, en Savoie, au milieu des montagnes, à la lisière de la Suisse, là où se retrouvaient les tuberculeux de France, de Navarre et d'Helvétie, Magda, l'amica mia, elle demande à Magda, à qui le sana n'a pas trop réussi puisqu'elle n'a plus qu'un seul poumon qui respire désormais le bon air parisien, Magda, qui vit là-haut, presque au bord du canal, un quartier infréquentable, elle lui demande si elle n'a pas l'adresse d'un bon couturier.

1. Mon pauvre, tu n'as même pas de rideaux ! Tu dois te réveiller aux aurores !

Elle a le velours, il n'y a plus qu'à poser les œillets et ajuster la longueur. Oui, Magda a bien un repriseur à conseiller, à côté de chez elle, derrière l'avenue de Flandre. Alors la nonna, pas bégueule, traverse la ville en taxi.

Dans l'étroite boutique tout en longueur de la rue Duvergier, sur la petite table à coudre, on distingue à peine la machine et le couturier, dissimulés par une montagne de tupperwares transparents dans lesquels sont rangées des bobines de fils de toutes les couleurs. Il y a au mur un portrait colorisé d'Atatürk, yeux bleus et haut chapeau à bouclettes, une photo d'Istanbul vue du ciel, de la grande mosquée qui dresse farouchement ses six javelots-minarets, et tout un patchwork de mer turquoise et de ruines gréco-romaines. Le repriseur se lève de derrière les bobines, retire ses lunettes, ça sera prêt pour la semaine prochaine. Derrière la pyramide de tupperwares, la table est encombrée de chutes de tissus et d'une cinquantaine de robes pour poupées en cotonnade fleurie. La nonna ne sait pas où poser les mètres de velours bleu. Vous pouvez laisser ça là – là sur la chaise dont l'un des pieds retient la porte d'entrée, sur le monticule d'habits qui la recouvre déjà. Oui, laissez ouvert, ça fait circuler l'air.

Elle retrouve ensuite Magda, qui lui paraît fatiguée. Toujours ce grand front, ce grand visage éberlué à la Liv Ullmann, mais les beaux yeux lavande qui faisaient pâlir tous les hommes du sana sont maintenant usés, délavés. L'effet de la retraite, sans doute, la douloureuse inactivité, impitoyable chez les femmes sans enfants. Car une fois la jeunesse et la beauté passées, que reste-t-il pour remplir les journées trop calmes ?

Elles trinquent à la terrasse d'un café. La nonna allume une cigarette, propose à Magda, qui décline. On vient de diagnostiquer un cancer à Georges. Et pour elle, lot de consolation, une bronchopneumopathie chronique sur le poumon rescapé. Alors elle tente d'arrêter de fumer. Et elle grossit, naturellement.

La nonna incline la tête, plisse le front, compatit, se désole, puis cherche à changer de sujet, craignant plus que tout la pesantezza[1]. Alors, pour égayer la discussion et divertir la malade, elle raconte Aurélien, sa vie, sa chambre. Questa stanza, un'orrore[2] ! Les murs nus, la peinture qui s'écaille, une vraie cellule de prisonnier. Elle voudrait trouver une babiole pour égayer tout ça, une gravure, ou un lustre. Celui qu'elle a vu sur le trajet, justement, dans la vitrine d'un antiquaire, une petite chose discrète, gaie, avec de jolies pendeloques en verre coloré. Elle passera jeter un coup d'œil au retour, Magda

1. Pesanteur, lourdeur.
2. Cette chambre, une horreur !

pourrait l'accompagner d'ailleurs si elle n'a rien à faire, elles se promèneront sur les quais de Seine et profiteront du soleil. Qu'en dit-elle ?

*

À l'arrivée des beaux jours, Aurélien et Bérénice choisissent un nouveau roman et prennent possession du jardin de la rue d'Ulm. Ils s'installent sur le meilleur banc, sous le cerisier, face à la fontaine. Aurélien lit à voix haute, et Bérénice, allongée sur le dos, la tête sur les cuisses osseuses, brave le soleil du regard. Les pétales du cerisier pleuvent sur leur amour. L'air est léger et transparent. Ils sont heureux. Infiniment heureux, d'un bonheur inépuisable.

La nonna doit rentrer à Genève et les rideaux ne sont pas prêts. Aucun problème, Magda propose de les récupérer. Grazie carissima !

Aurelino, non dimenticare di chiamare Magda questa settimana. E portale un regalo, qualcosa di bello, di femminile[1].

Dans l'encadrement de la porte, Aurélien, ancien timide à la raie sur le côté, dépasse maintenant Magda de plus d'une tête. Il lui tend une boîte de chocolats en échange des rideaux avec ourlets et œillets. Peut-elle lui offrir un café, une bière, un verre d'eau ? Le jeune homme parle beaucoup, presque sûr de lui à force de faire semblant. Dans l'échancrure de sa chemise se glisse une lavallière en soie, assortie au velours des tentures, touche d'élégance et de fantaisie désuète, héritage de la nonna. Ses plans, ses projets ? À vrai dire il n'en a

1. Aurélien, n'oublie pas d'appeler Magda cette semaine. Apporte-lui un cadeau, quelque chose de beau, de féminin.

pas. Vivre, simplement. Se promener dans Paris, étudier, d'accord, mais surtout écrire son premier roman. Et intégrer peut-être un jour le Quai d'Orsay, puisque sa grand-mère y tient et qu'il faut un métier.

Michel descend les quelques marches qui séparent sa chambre du reste de l'appartement. Il lui semble entendre l'écho de ses gestes dans les pièces silencieuses. Depuis que Bennie a quitté le logis, l'espace s'est agrandi sous l'effet du vide. Comment va-t-il ? demande souvent Daphné, qui veut travailler dans le marché de l'art et compatit au sort du peintre incompris. Ça va. J'espère que ça va. Michel prépare du café, plus que de raison, pour entendre le ronronnement de la cafetière qui lui tient compagnie dans la cuisine. Sirotant en continu le jus allongé, il parle à voix haute, prend à partie ses succulentes ou le chamois suspendu au mur dans l'ancienne chambre de Bennie, enfermé dans la plus majestueuse de ses toiles, 130 × 200. Michel fait les questions et les réponses, comme ça au moins je ne suis pas déçu.

Il a toujours parlé tout seul, marmonné en travaillant, mais les murmures se transforment maintenant en véritables palabres et Bérénice s'inquiète. Il y a longtemps déjà qu'elle guette la vieillesse, qu'elle le rudoie lorsqu'elle le surprend à discuter avec lui-même, craignant sans cesse que, tapies au détour d'une année, la maladie, la folie ou la faiblesse ne s'abattent par surprise sur son vieux père et ses pinceaux. Mais la mère de Daphné est formelle et sous le charme : Michel est un senior de très bonne tenue. On lui donnerait vingt ans de moins. Et elle s'y connaît. Psychiatre, gériatre et philosophe télégénique, spécialiste du grand âge, elle est partie prenante de tous les comités, commissions et coteries institutionnels sur le sort des aînés, titulaire de diverses chaires humanité et santé. Quand elle ne reçoit pas de sulfureux patients dans son cabinet de la rue de Rennes décoré d'œuvres d'art, elle s'exprime souvent à la radio ou lors de colloques – dont elle prononce les deux L, coLLoque –, la langue prenant son élan pour retomber ensuite avec grâce derrière les dents du bas, clapotis de fontaine au milieu d'une placette ensoleillée dans le Luberon, à deux pas du mas familial et du grand jardin planté de statues ovoïdes en métal rouillé, où Bennie est invitée tous les mois d'août depuis l'adolescence, et qu'elle préfère sans conteste aux camps de vacances de la Ville de Paris : on prend vite goût au confort.

Les vieux rétrécissent, a retenu Bérénice des discours prononcés chez Daphné. Inévitablement. Et, sentant leur vigueur diminuer, réduisent de même le monde qui les entoure, adaptant ainsi l'environnement à leurs capacités. Depuis qu'elle a quitté l'appartement de la rue Ordener, Bérénice surveille attentivement les signes du rapetissement annoncé, mais Michel donne le change. Il travaille sur une nouvelle série : des pigments en gros plan, disposés dans des bols, sur des nappes, à même le sol, il y en a partout dans sa chambre là-haut, c'est le chaos chromatique, il laisse des empreintes bleues et vertes jusque dans la cuisine. Le soir, il mange un plat Picard, veille sur sa collection de cactus, va au cinéma, écoute la radio, la vie rêvée en somme. Viens dîner un de ces jours, tu verras, il est comme un gamin. Surtout depuis le mois dernier : je lui ai créé un compte Amazon Prime où il dilapide sa retraite. Il commande en ligne des kilos de blanc de lithopone, de brun Van Dyck, de vermillon de Chine ou de fiel de bœuf, puis cuit tout ça au bain-marie, passe des heures à surveiller ses casseroles. Tu sais qu'il prépare ses couleurs lui-même maintenant ? Les teintes sont plus intenses, paraît-il, plus vivantes. Je me demande si les vapeurs de tous ces acétates et produits acryliques ne lui montent pas à la tête. En tout cas l'appartement embaume une joyeuse odeur d'essence. Il compte d'ailleurs occuper ma chambre pour en faire son atelier de chimiste ; je voulais récupérer le chamois mais je crois que je vais lui laisser.

Magda-Madeleine aime l'hôpital. Depuis toujours. À cause d'un long séjour à la clinique des enfants malades quand elle avait sept ans. Huit ans ? Pour le poumon, déjà, dans une chambre aux draps doux dix mille fois reblanchis. Long comment ? Deux semaines, trois ? Tu perds la mémoire, ma vieille. Elle se souvient en tout cas du jour où on lui avait retiré les perf, ces grandes poches suspendues au portemanteau de fer qu'elle trimbalait dans les couloirs. Elle en avait pleuré. Non de douleur – seule fille d'une fratrie de garçons vindicatifs, Magda-Madeleine ne craignait pas les petites misères médicales, qui n'étaient rien face aux grandes colères des frères – mais de tristesse. Bientôt il faudrait retourner à la maison, bientôt prendrait fin la ronde des infirmières à son chevet, le défilé des coiffes de carton blanc qui ressemblaient aux bateaux de papier qu'on faisait voguer sur l'étang du parc Montsouris, mais qui ne coulaient jamais, elles, et tournoyaient sans répit à l'étage des pulmonaires. À l'époque, durant l'après-guerre, un enfant gagnait à toussoter un peu. Avec un peu de chance on l'installait à Necker, dans une chambre chauffée, on lui servait du lait à chaque repas, du potage aux vermicelles, du pain à volonté et même parfois du dessert, des pruneaux arrosés d'un dé de vin rouge, alors que dehors on se battait pour trois patates, qui, chez Magda, finissaient généralement dans le gosier des frères avant même qu'elle n'ait pu en piquer une de sa fourchette – les garçons ont besoin de forces, justifiait la mère qui ne mangeait pas beaucoup non plus.

Georges dit que la bouffe est infâme ; pourtant Magda a fini hier, sans rechigner, sa crème caramel. Elle vient tous les jours. Se sent coupable d'aimer l'odeur d'eau de javel tiède de la chambre, la forme rassurante des haricots de carton où reposent les pilules colorées, le lit inclinable, les draps pastel, les pyjamas à minuscules pois gris. Malgré l'inquiétude et la tristesse, elle se surprend à boire avec nostalgie le mauvais café qu'ils servent à la cafétéria du rez-de-chaussée, derrière le coin presse. Peu nombreux sont ceux qui savent apprécier ce plaisir. Pas les fils de Georges en tout cas, qu'on a peu vus à la Pitié-Salpêtrière. C'est bien la peine de faire des enfants, rétorquerait-elle volontiers aux amies qui la plaignent en silence de sa stérilité. Ne s'être jamais consacrée à un autre être humain, n'avoir jamais connu l'amour, le véritable, l'inconditionnel, qui élève et transfigure, la dévotion d'une mère pour son enfant, le bonheur de voir naître et grandir un petit être doté d'une personnalité propre, d'un caractère unique, la merveille de la vie, le prodige de l'altérité ! Magda sourit, un sourire teinté de peine et rehaussé d'une pointe d'amertume. Qu'on ne lui fasse pas le coup de la générosité. Si ses amies ont tant besoin d'aimer, de cajoler, de se dévouer à autrui, que ne jettent-elles leur dévolu sur ceux qui sont déjà là ? Tiens, de l'altérité en veux-tu en voilà ! Il y a l'autrui des rues ou des files d'attente, front plissé, regard bas et soucieux avalé par un écran ; l'autrui pressé qui bouscule les vieux sur le quai du métro sans même s'en rendre compte ; l'autrui à la voix morne du service des retraites qui ne retrouve pas dans son logiciel les deux derniers trimestres ouvrant droit au taux plein ; ou encore celui du pavillon Mazarin, étage oncologie, chambre 310, repoussant les crèmes caramel et flottant dans un pyjama de coton vert d'eau à faire fondre la testostérone de Dom Juan lui-même.

Magda aime l'hôpital, le temps qui s'arrête, les broutilles du quotidien réduites à néant : les rendez-vous de contrôle technique, les dysfonctionnements de la fibre, les querelles de copropriété, balayés, éclipsés par la grande lutte de la vie contre la mort. Derrière le portique de la Pitié-Salpêtrière, c'est l'académie des fluides et des questionnements métaphysiques ; que nul n'entre ici s'il n'est prêt à confesser sa vanité et prendre de la hauteur. Le parc attenant à l'église de l'hôpital s'appelle comme ça d'ailleurs, le parc de la Hauteur. On est peu de chose, disait Georges tout à l'heure dans le désordre de ses draps défaits.

Une bruine d'été se met à tomber. Les arbres se désaltèrent enfin, les blouses blanches s'éloignent, les patients aussi, ils pressent leur déambulateur et rentrent se mettre au sec. L'odeur d'amande grillée de la cigarette électronique se mêle au crachin délicieux. Dans le calme humide, Magda lève le regard, s'adresse à Dieu, prie pour Georges, demande pour lui moins de douleur et de fatigue, pour elle plus de force et d'entrain. Puis elle s'interrompt, verse quelques larmes de concert avec la pluie qui martèle le banc de gouttes légères et régulières, et se ravise, revient sur sa prière. Elle sait qu'on n'exauce pas là-haut les listes au père Noël, que seule la confiance fait naître la magie. Mon Dieu, donnez-moi non ce dont j'ai envie, mais ce dont j'ai besoin. Vous qui savez, moi qui ignore. Sur le banc mouillé, Magda, soixante-sept ans, sait une chose pourtant : elle ne croit pas à la vieillesse. Ça ne peut pas être que ça, elle le sait, le sent. Ça ne peut pas s'arrêter là. Il reste trop à faire encore. Tout à faire, encore.

Attablé devant une Despé à la terrasse du Nord-Sud au coin de la rue Ordener, Michel, à son habitude, est arrivé trop tôt. On grelotte de froid comme au mois de décembre, comme si le ciel et les saisons étaient eux aussi en avance. C'est le pire automne qu'on ait vu depuis des années, tout le monde le dit, mais grâce au manteau Bibendum, Michel ne craint pas les rudesses d'octobre. À l'époque, l'époque où il travaillait beaucoup, l'époque où ça marchait pas mal, l'époque où les graphistes n'existaient pas encore, une agence de pub l'avait sollicité pour moderniser la mascotte de Michelin. Il avait fait fondre quelques bourrelets, ajusté la position du pied, ajouté un sourire, et vendu ! Le bonhomme affiné avait conquis la marque et Michel s'était vu offrir un contrat salvateur, dont il répétait volontiers à ses élèves des Arts-Déco qu'il était sa plus grande gloire, la plus lucrative en tout cas. Lorsque à soixante-quinze ans on le força à prendre sa retraite, ses étudiants lui offrirent cette énorme doudoune beige, laide mais chaude, gonflée à bloc, dont les boudins fourrés de plumes d'oie évoquent la fière silhouette du bonhomme pneumatique, et qu'il ne quitta plus.

Tu n'as pas froid dehors, papou ?

Bérénice pose la main sur son épaule, puis un baiser maladroit sur ses cheveux en désordre.

Très vite, Michel tutoie Aurélien. Ils se découvrent des intérêts communs, comme les vieilles Peugeot et Hermann Hesse, piètre peintre mais bon écrivain. Suisse, comme Aurélien. Comment cela se fait-il que son gendre n'ait pas du tout l'accent ?

« Aurélien n'est pas suisse, papou.

— J'ai grandi à Genève, où ma grand-mère italienne s'est installée après la guerre, mais mes parents, eux, sont tous les deux français. Ils travaillaient chez UBS, sont tombés amoureux, m'ont mis au monde, ont trouvé ça très ennuyeux et m'ont confié à ma grand-mère pour s'expatrier à New York, Dubaï, Singapour, puis Shanghai, et quadrupler leur salaire. Mais la Suisse n'est qu'une terre d'exil, dans l'âme je suis franco-italien. »

Aurélien, c'est vrai, a éradiqué avec intransigeance les intonations traînantes de Genève, et personne aujourd'hui ne pourrait déceler les indices de son enfance lacustre. Sauf peut-être Bérénice, lorsqu'il baisse la garde et se laisse aller à quelque voltige vocale du canton de Vaud. Car l'accent suisse n'est pas qu'indolent ou apathique. Il y a dans ce discours flâneur une espèce de gentille moquerie et un goût pour le sensationnel, qui prend son élan en début de phrase, puis se lance dans les hautes tessitures d'un sommet enneigé, avant d'atterrir avec maîtrise dans la poudreuse des vallées et de conclure d'un ton plus grave, frôlant le mystère.

Aurélien cependant n'entend rien à ce charme et mésestime les Helvètes, trop prudents, trop pondérés à son goût. Assommant, cet eldorado d'air pur et de promenades en montagne. Il propose de trinquer à la France plutôt ! Et à votre fille merveilleuse, qu'Aurélien appelle Nice, ou encore Nicette lorsque la tendresse le submerge, lorsqu'elle pose, comme maintenant, la main sur son genou cagneux.

*

De retour à l'appartement, Michel se dirige vers ses cactus – s'il n'y a pas d'épines, ce ne sont pas des cactus, Bennie, mais des succulentes –, et fait son rapport : le gendre est chétif, un peu décalé, pas beau mec, non, on ne peut pas dire ça, mais touchant, fragile encore. En même temps qu'il relate la rencontre, Michel surveille la germination d'un nouveau semis, des *Crassula thyrsiflora*, dites « pagodes rouges », qui devraient bientôt tirer la langue hors de terre, montrer leur première feuille charnue, gorgée de suc, chargée de donner l'exemple à d'autres triangles agglutinés formant une pagode végétale, que Michel espère rouge, mais rien n'est moins sûr car la *Crassula thyrsiflora* ne rougit que rarement, lorsqu'elle est particulièrement épanouie. Brillant, bien sûr, instruit, cultivé, un brin prétentieux peut-être ? Major de Normale sup, papou ! Bennie le regarde d'une façon… une espèce de piété qu'il ne lui a jamais vue, tranchant avec les mines désabusées qui lui restent de l'adolescence. Et pourtant, les filles sont tellement plus matures à cet âge. Sa fille en tout cas. Moins sûre d'elle peut-être, mais plus débrouillarde que ce jeune Suisse. Ça y est, l'*Adenium obesum* périclite, trop d'eau sans doute. La « rose du désert », offerte par Bennie, a perdu ses délicates fleurs violettes et les derniers bourgeons flétrissent sur les branches minuscules. Il va mettre le pot sur le radiateur, juste pour cette nuit, afin de drainer le terreau.

Le jardinage d'intérieur est, avec le mijotage des pigments, la grande occupation de sa retraite. Un truc de vieux, un truc de femme, qui pourtant le calme et l'émerveille. Les succulentes, plantes résistantes, autonomes et sensuelles, lui réussissent. Bien mieux que les azalées, hibiscus ou orchidées qu'il a vus mourir à tour de bras dans son salon. On sous-estime les plantes grasses en les réduisant à ces cactus de fêtes des Mères, à ces bêtes oreilles de Mickey plantées d'épines. Michel, lui, possède des espèces rares, des *Crassula columnaris,* colonnes ventrues à bourrelets verts coiffées d'une touffe de fleurs blanches, des *Trachyandra tortilis* venus d'Afrique du Sud, poussant en serpents fous, larges comme ces rubans sucrés et acidulés dont Bennie achetait des sacs entiers à la boulangerie, des *Graptopetalum amethystinum,* obscènes dragées grises ou roses, des *Myrtillocactus geometrizans,* choux chinois opulents bombés de sève et de suc, et autres variétés aux noms savants, aux formes extravagantes et impudiques, à qui Michel confie ses joies et ses craintes. Le prétendant paraît droit, honnête, un peu gosse de riche évidemment, mais plutôt sympa pour un intello. Naïf encore, un peu, heureusement. Et amoureux, sincèrement. Qui ne le serait pas de sa fille cependant ? Espérons qu'il soit à la hauteur.

Être un homme, aller vite, faire du sport, ne pas pleurer, ça on le sait, mais ne pas non plus trembler, ou alors d'un spasme de plaisir. Courir. Plus vite, Aurélien ! Alors « le rapide », tout va comme tu veux ? Surnom qui lui vient des cours d'athlétisme, de ces mètres douloureux qui le séparent de la ligne d'arrivée, éternelles minutes pendant lesquelles ses camarades l'attendent, moqueurs, en bout de piste, observant les mouvements maladroits de son corps dégingandé. C'est à cause de ses genoux, le fémur implanté de travers, ce qui se répercute sur les bourses synoviales. Quand il faudrait courir, quelque chose ne glisse pas, et même, envoie valdinguer ses mollets en diagonale. En athlétisme, il explose les compteurs, catapulte les temps, les multiplie par deux, minimum.

Le prof de sport porte un maillot orné de bandes bleues fluorescentes. Allez, le rapide, encore un effort ! Au bout de la piste, le tissu rétro-réfléchissant renvoie les rayons du soleil, Aurélien cligne des yeux, la force éblouit. Sei intelligente, compenserá[1], dit la nonna. Mais Marianne se fiche

1. Tu es intelligent, ça compensera.

de son QI et a ri avec les autres quand il est arrivé avec sa nouvelle coupe.

« Qu'est-ce qui te ferait plaisir ? a demandé la nonna.

— Rien.

— Qu'est-ce qui te ferait plaisir, piccolino ?

— Être comme Tom Cruise. »

Pour bien se faire comprendre, il a découpé la photo de l'acteur dans un magazine, mais la coiffeuse a prévenu : Avec l'épi je ne recommande pas. La nonna : S'il vous plaît. Lui, écrasant l'épi du plat de sa paume : Avec la raie sur le côté. Marianne sort avec Bruno, qui le dépasse d'une tête et porte des Nike Air. Alors, sur le chemin du retour, la nonna lui offre les baskets à bulles. Il applique du gel pour coller l'épi sur la gauche, beaucoup de gel. Même quand il court, l'épi ne bouge pas. Le problème c'est qu'avant, quand les cheveux lui tombaient dans les yeux, il pouvait oublier la classe moqueuse derrière la ligne d'arrivée ; plus maintenant. La nonna demande donc un certificat à son ami radiologue. Lo sport non serve a niente. Non vuoi diventare calciatore, no[1] ? L'ami radiologue diagnostique une malformation paralysante des tibias. À la place de l'athlétisme, il fera la lecture à la nonna, qui aime *Lorenzaccio* et les *Mémoires* de Casanova, mais pour ce livre tu es trop jeune encore, piccolino. Il sèche les cours et, blotti dans l'odeur de talc qu'il aime plus que tout, regarde avec elle la cassette de l'opéra *Don Giovanni*. Don Giovanni non corre i 400 metri, che io

1. De toute façon, le sport ça ne sert à rien, tu ne veux pas devenir footballeur que je sache ?

sappia[1] ! C'est Mario, ancien amant de la nonna, pilote de chasse, qui lui a fait découvrir l'opéra. Courageux, généreux, et, comme Dom Juan, séducteur invétéré. Moi aussi, je serai séducteur invétéré. Elle rit. Et pilote de chasse. Sei troppo sensibile[2]. À cause de ses mauvais yeux aussi. Il ne pourra pas. En effet, Aurélien porte des lunettes. Vertes. Ce qui n'est pas terrible pour séduire.

Ils jouent beaucoup au poker sur la terrasse, face au lac. Maria, la bonne, apporte un Martini Dry avec quatre olives enfilées sur un cure-dents. Apprendre à bluffer. Non sorridere stupidamente, piccolino, se non vuoi che indovini le tue carte[3]. Je ne suis pas piccolino. Pourtant si, il est le plus petit de sa classe. Mais il se rattrapera l'année prochaine, des centimètres à foison, un beau corps d'écrevisse avec de longs bras battants et la raie sur le côté.

Patience, piccolino, un homme c'est long à forger. Pleurera bien qui pleurera le dernier.

1. Je te demande un peu : est-ce que Dom Juan court le 400 mètres ?
2. Tu es trop sensible.
3. Ne souris pas bêtement, piccolino, si tu ne veux pas que je devine ton jeu.

Viens, Nice, on va prendre par les Tuileries. Aurélien connaît tout, s'intéresse à tout, s'enthousiasme pour tout, déchiffre et défriche le monde, le dévoile à Bérénice. Il lui fait même découvrir Paris, lui, le provincial, le Genevois, débarqué il y a deux ans à peine. À ses côtés, la ville s'émaille d'un éclat différent, les rues, les places, les axes que Bérénice traverse depuis l'enfance se transforment imperceptiblement lorsqu'elle glisse sa paume dans la main chaude et douce d'Aurélien. Viens. Voilà que le maillage des voies, des quais, des impasses, se redessine et forme une carte nouvelle, un atlas d'épopées et de grandes traversées. Car Aurélien marche, marche, marche, sillonne la ville, à la tombée du jour de préférence, et Bérénice lui emboîte le pas, dégringole depuis le nord de Paris jusqu'au centre de la cité, où les horizons sont plus vifs, les perspectives plus larges.

Ce soir, Aurélien la guide à travers ce jardin royal qui longe les bords de Seine. Bien sûr qu'elle est déjà venue, plusieurs fois, avec son père, pour la fête foraine pendant les vacances d'été. Pour elle, les Tuileries, direct avec la 12, c'est une grande roue plantée à côté de la Pyramide du Louvre, ce sont ces pelouses sur lesquelles on n'a le droit ni de s'asseoir ni de marcher, c'est le souvenir écœurant des barbes à papa, des pommes d'amour tombées au sol, le goût du sucre mêlé à la poussière des graviers, des soirées aux mains poisseuses, des heures étouffées par la musique, les jingles et les cris d'enfants, aux côtés d'un père mélancolique.

Mais ce soir, la fête foraine n'est pas encore montée et la nuit s'installe paisiblement dans les contre-allées sablonneuses. L'obscurité, retenue par la ramure des tilleuls, s'égoutte doucement le long des feuilles crénelées. Ça va, Nice ? Ils sont presque seuls dans le parc, dont seule une poignée de joggeurs connaît les horaires nocturnes. Oui, ça va, ce n'est rien, une tristesse passagère. C'est son père qu'elle a eu tout à l'heure au téléphone qui l'inquiète. Les réverbères viennent de s'allumer. Dans leur lumière orange, les ombres des arbres et des chaises vides forment un étrange quadrillage au sol. Et puis la vie aussi, la sienne en tout cas, l'inanité de cette école de commerce, la tristesse de vivre sans talent ni passion. Comme elle aimerait avoir une once de son intelligence, de cette légitimité avec laquelle il traverse les études et la vie.

Bérénice prend la main d'Aurélien. Ô, les mains d'Aurélien, leur chair bonne et pleine. Trop enfantines, presque potelées, souvent même les ongles un peu sales (étonnamment la nonna n'a pas insisté sur les serviettes de table, et il s'essuie sans gêne sur son pantalon, ou, pour dissoudre la saleté, frotte simplement les doigts de sa main contre le pouce, comme pour saupoudrer l'air d'une farine invisible), les mains d'Aurélien prouvent sa bonté. Viens, Nice. Ils marchent maintenant à pas vifs, dépassent la fontaine, les sculptures de lions, tigres et autres animaux en colère qui gardent les lieux, ils quittent le jardin, remontent vers la place Vendôme. Tu as réservé au Ritz ?

Mieux. Il la mène jusqu'à la colonne dressée au milieu des pavés, devant le socle massif, colossal, coulé dans le bronze de canons fondus, décoré d'uniformes guerriers à épaulettes brodées, de passementeries, de casques à pompons, d'épées, de sabres, de hallebardes, de bottes à éperons bien aiguisés, de couronnes honorifiques, de tout ce que la guerre fait de festif et fastueux. Aurélien guide Bérénice, l'adosse à la clôture hérissée de piquants militaires, l'embrasse avec zèle, lui murmure des mots doux, mais semble farfouiller quelque chose de la main gauche – qu'est-ce que tu fais ? –, elle veut se retourner, quand la barrière tout à coup cède sous leurs baisers, après vous, mademoiselle. Il brandit une clé digne des contes pour enfants, s'éclaire de son téléphone puis ouvre maintenant, comme si de rien n'était, l'imposante porte d'entrée de la colonne, toute de bronze elle aussi, dont les ventaux sont décorés d'aigles grimaçants, tenant en leurs serres des couronnes de laurier à n'en plus finir, Aurélien magicien. Viens. Ils pénètrent dans l'édifice, referment la porte, et plongent dans le noir silencieux qui sent la cave fraîche. Ils tâtonnent, gravissent les marches de pierre en chuchotant, Aurélien guidant les opérations, Bérénice posant son pied le plus délicatement possible sur les degrés pour atténuer le bruit de leurs pas clandestins. On a le droit ? Aurélien se retourne. Posté une marche plus haut, sous le faisceau aveuglant du téléphone, il est un héros, un géant. Le ministre de la Justice – que la nonna connaît – possède la jouissance et les clés de la colonne ; il les prête parfois à son fils, qui vient de rentrer à Normale sup et a troqué cette faveur contre la chambre étudiante d'Aurélien l'année prochaine. La colonne Vendôme vaut bien un studio avec vue sur jardin. Mais dépêchons-nous, il ne nous reste que quelques minutes pour atteindre le sommet.

Lorsqu'ils émergent des entrailles métalliques et sortent à l'air libre sur la frêle plateforme, à minuit pile, dans l'air tendre de l'été à peine commencé, sous les pieds d'un Napoléon impassible, la tour Eiffel se met à clignoter de tous ses feux et les accueille dans le ciel parisien. On est mieux ici qu'en face avec les touristes, non ? Comme Aurélien a changé, comme il a gagné en assurance. Je te promets, Nice chérie, que la vie sera grande et belle.

La nonna, qui croit aux énergies, célèbre la pleine lune et s'est convertie au bouddhisme, emmène Aurélien chez sa cartomancienne, au rez-de-chaussée d'un immeuble genevois moderne et climatisé, jouxtant un supermarché et un avocat spécialisé en droit de la famille. La magicienne, en léger surpoids, est une femme perspicace, et dans le tarot du jeune adolescent, à travers la buée d'huiles essentielles, distingue tout ce qu'il faut : un drapeau français, un bureau d'acajou, de l'eau qui coule sous les fenêtres, des voyages, du péril, des livres et des femmes, rousses et sulfureuses notamment. C'est très clair ! Aurélien sera diplomate français, ambassadeur, et quand il ne trônera pas au Quai d'Orsay derrière son bureau surplombant la Seine, il sillonnera le monde en quête de gloire et d'émotions fortes.

Alors la nonna lui apprend les capitales sur la mappemonde en ébène du salon. Népal, Katmandou ; Argentine, Buenos Aires. Un ambassadeur doit connaître sa géographie. Kenya, Nairobi ; Venezuela, Caracas ; Australie, Sydney. No, piccolino ! Canberra.

Être un homme, parcourir le monde et séduire les femmes. Ce sont elles surtout qui ont retenu l'attention d'Aurélien dans les prédictions de l'oracle. Les femmes et les livres.

Diplomate-écrivain ! Il ne sera pas le premier : Chateaubriand, Saint-John Perse, Paul Claudel, Romain Gary, Albert Cohen… Ce dernier habite Genève d'ailleurs, à deux pas d'ici, l'ami radiologue le croise souvent dans le quartier, au Tea Room de la route du Chêne, toujours vêtu d'une robe de chambre en soie rouge. Du panache, piccolino ! Du panache plutôt que des pectoraux. Prends Victor Hugo par exemple : un pou ! Le front qui lui mangeait la moitié du visage, le menton noyé dans les bajoues, et pourtant… Ou Balzac, obèse et mal peigné, dont les femmes raffolaient. Un homme nu n'est pas un homme, ce qui compte c'est le décor qu'il fait naître autour de lui, les personnages dont il s'entoure, le rôle qu'il endosse, la vita è una commedia. Tu peux tout inventer : le texte, les didascalies et les rebondissements, c'est un jeu, une plaisanterie. Deux règles cependant : ne jamais ennuyer son lecteur et éviter les rôles subalternes – messager ou valet de chambre – qui meurent souvent pour rien et sont très mal payés.

Retenus par quelques lanières de cuir blanc, les tendres talons tiennent en équilibre sur une longue aiguille de verre. Cendrillon moderne, la jeune femme traverse l'espace sur la pointe des pieds, et chacun de ses pas conquérants imprime un choc à ses seins trop généreux ainsi qu'aux larges boucles de sa chevelure cuivrée. Malgré un léger strabisme convergent, d'un regard franc et téméraire elle regarde au loin, défie le néant. Le catwalk, éclaboussé de bleu, baigné par la lumière ondoyante de centaines de projecteurs, devient piscine pour l'occasion. L'apprentie top-modèle marche sur les eaux. Comme nous sommes en Allemagne, elle porte un short court, moulant, en cuir blanc, et une brassière assortie. Comme l'attention des internautes est limitée, la vidéo s'interrompt au bout de neuf secondes, puis reprend en boucle, signe de gloire renouvelée.

Ainsi débute l'histoire d'Heidi from Düsseldorf ✨❤, feuilleton illustré qui s'écrit de bas en haut. Sous cette première vignette : des cœurs, des étoiles, des Andalouses dansant le flamenco, des pouces et des médailles pour commenter cette traversée de podium. Heidi, vingt-deux ans. Oui, c'est son vrai prénom. Ses parents sont russes, ils l'ont appelée ainsi pour favoriser l'intégration. Excellente stratégie qui l'a vue parvenir, l'année dernière, en finale d'un télé-crochet pour mannequins en herbe. Éjectée en demi-finale – trop petite et trop charnue pour le métier –, elle se venge en accumulant les followers.

Le grand carnet de cuir mauve, le carnet d'adresses, est ouvert sur le plateau de marbre de la table d'appoint. Les amis, les connaissances, les connexions de la nonna y sont répertoriés par ordre alphabétique, au stylo plume, la couleur de l'encre changeant selon les mois et les années, les noms de famille en majuscules, les adresses caduques rayées à la règle, modifiées à la page suivante au gré des divorces et des déménagements, complétées plus tard des numéros de téléphone portable.

Nous sommes mardi après-midi, c'est l'heure du téléphone, l'heure consacrée aux relations plus ou moins proches, plus ou moins anciennes, plus ou moins « divertenti », dont la nonna prend des nouvelles avec plus ou moins de régularité.

Elle raccroche. Maria apporte le premier Martini de la journée tandis que la nonna étudie son répertoire. Elle mange les quatre olives, avale une gorgée, se décide, souligne de l'index un numéro français et fixe le lac tandis que la tonalité traverse les Alpes, la Bourgogne, l'Île-de-France.

Magda court vers le téléphone pour faire cesser la sonnerie ; Georges fait la sieste, il a besoin de repos. Au bout du fil, la voix mondaine et fruitée ne s'en soucie guère : Magda cara, come stai[1] ? Magda se réjouit. Essoufflée, chuchotante, elle écourte les questions de rigueur, la famille, la santé – apparition de métastases, Georges a repris la chimio, il vomit à longueur de journée, se montre de plus en plus irascible, s'est fâché avec son fils aîné, réécrit son testament tous les deux jours – et attend plutôt le feuilleton genevois. Elle attrape sa cigarette électronique et souffle des nuages de fumée saveur myrtille en écoutant les aventures de son amie et de sa clique de patriciens. Magda imagine les réunions du club littéraire sur les rives d'huile du Léman, les promenades du mercredi avec le radiologue qui porte des gants de conduite, blancs, en cuir d'agneau, même s'il n'a pas le permis, elle voyage en pensée vers ce village international peuplé d'expatriés repus et radieux, vers cette terre d'abondance où elle n'a jamais mis les pieds, et oublie un instant le gris poussiéreux du onzième étage de la rue de Joinville, l'air épais et saturé qui alourdit le plus minuscule de leurs gestes dans l'appartement.

Aurélien ? Molto bene. È innamorato, ancora[2] !

Elle viendra à Paris pour Noël ; si Georges va mieux et que Magda peut le laisser seul un après-midi, elles iront boire un chocolat chez Angelina, en face des Tuileries.

Vivement que le temps se presse, pense Magda.

1. Ma chère Magda, comment vas-tu ?
2. Aurélien ? Très bien. Il est toujours amoureux !

Contrairement à ce que croient Bérénice et son père, le monde des maisons de vente a bien changé, et, non, Christie's n'embauche pas que des bourgeoises désœuvrées, des femmes de banquier ou des femmes à particule ayant traîné leur spleen doré sur les bancs de l'École du Louvre. Daphné s'offusquerait presque des remarques de son amie si elle n'était pas si fière de son premier travail. Le recrutement est exigeant, et nombreuses sont les « specialists » de chez Christie's qui, à l'instar de Daphné, sortent d'une grande école de commerce. Comme cette collègue, célibataire, qui dirige le département d'art contemporain et n'a pas eu besoin des connexions d'un puissant mari pour gravir les échelons. Certes, son annulaire gauche est lesté de quelques carats qui captent la lumière et éblouissent les clients, mais ces diamants véritables, taille navette et coussin, sertis sur monture de platine, entérinent de fausses fiançailles. Elle ne les porte qu'au bureau, du lundi au vendredi, pour qu'on lui fiche la paix, et si elle est mariée, ce n'est qu'à sa mère, qui lui a transmis ces quelques cailloux familiaux pour ses trente-cinq ans, en complément d'un séjour tout compris en Belgique, dans une clinique haut de gamme spécialisée en fertilité, l'horloge tourne, ma chérie. Depuis, la spécialiste d'art contemporain milite en secret sur les réseaux. Tu devrais consulter son compte d'ailleurs, Bérénice, ça pourrait t'intéresser.

@ ovogang
14 800 followers

❄ Mes ovocytes au congélo
⏰ Qui a peur de l'horloge biologique ?

Où l'on trouve, sur fond couleur chair, pêche ou cuisse de nymphe, des posts ludiques mais informatifs présentés sous forme de questions-réponses :

À quel âge en moyenne les Françaises ont-elles leur premier enfant ?

Un slide sur la gauche vous dévoile la réponse : 31 ans.

Qu'est-ce que la vitrification ?
Une fois les ovocytes prélevés, ils sont plongés dans l'azote liquide et se conservent ainsi pendant des années.

Est-ce dangereux pour ma fertilité ?
Non.

Quand commencer ?
Maintenant.

♀ 🌱 🤝 #freezeyoureggs #ovules #femme #ensemble #plusfortesensemble #partage #respect

Le fleuriste doit être dans l'arrière-boutique. L'échoppe est si calme qu'on entend les fleurs qui bâillent et s'étirent sous le soleil d'après-midi. Michel observe les nouveautés de l'immense serre aux succulentes qui fait la renommée de l'enseigne. Là, sur ce rayonnage, à droite, sont apparues des lithops violettes, ces plantes-cailloux que Michel se retient d'acheter, malgré leur teinte étrange, presque prune, tirant sur le violet d'évêque, parce que Bérénice trouve que ça ressemble quand même trop à de gros haricots gavés d'OGM. Il lorgne aussi un nouvel arrivage, sur l'étagère du haut, des sortes de choux de Bruxelles replets, agglutinés les uns aux autres. *Gibbaeum comptonii.* Ça vient d'Afrique du Sud, précise le patron de la boutique, qui émerge à l'instant sous une arche tressée de philodendrons. Ce sont des plantes naines, elles ne grandiront pas plus, mais si Michel revient le mois prochain, il aura peut-être la chance de voir le spécimen globuleux se fendre en deux pour laisser pousser en son intimité une marguerite géante. Pour l'heure, c'est au sujet de son rosier du désert que Michel vient consulter. Il a pris soin pourtant d'ajouter du sable au terreau, mais l'arbre miniature pèle et perd ses fleurs. Que faire ?

L'octogénaire est presque devenu loquace. Lui qu'on disait timide ou solitaire, qui ne parlait auparavant qu'à Bennie ou à ses élèves des Arts-Déco, se fait de plus en plus causant maintenant qu'il a perdu ses interlocuteurs favoris. Non qu'il se soit mis, comme le font d'autres vieux, à raconter sa vie aux commerçants affairés, mais il discute volontiers avec le patron quand la boutique est tranquille. Le fleuriste, spécialisé en plantes grasses et succulentes, aime aussi l'art et la peinture ; Yves Klein surtout, dont il possède, postée sur l'étagère des plantes grimpantes, une copie miniature, bleu électrique, décapitée et ailée, réplique moderne de la *Victoire de Samothrace*, qu'il appelle Samantha. C'est grâce à elle que la première conversation s'est engagée entre les deux hommes : Fibres de nylon floquées, c'est ça ? Votre statue je veux dire. Ça rend bien la couleur, on dirait presque une vraie. Vous savez que, contrairement à ce qu'on croit, le bleu Klein n'est pas propriété de l'artiste ? On ne peut pas posséder une couleur, personne, ni vous ni Yves Klein. Le brevet ne porte que sur le procédé : un liant fait d'acétate de vinyle. Le reste n'est que de la poudre outremer. Le fleuriste écoute, curieux, patient, peut-être même attendri. C'est toujours le liant qui fait la différence. Prenez le smalt par exemple, si proche du bleu Klein ; à l'huile, ça ne rend rien, rien qu'une nuance fadasse pour Anglaises mélancoliques, alors qu'en tempera on obtient cette teinte égyptienne si provocante.

Michel, un jour, lui a apporté l'une de ses cartes postales les plus populaires, la collection de boîtes bleues, allongées, métalliques, alignées en rang sur une étagère de bois clair. Justement, le fleuriste adore les natures mortes. Car elles laissent le loisir d'imaginer tout ce qu'on ne voit pas autour des victuailles. Où est-on, dans quelle pièce de la maison ? Est-on bien certain que ce soit la cuisine ? Qui a acheté toutes ces provisions ? Vient-on juste de dresser la table ? Ou au contraire, les maîtres des lieux ont-ils déjà dîné, discutent-ils maintenant au salon alors que le peintre capture les restes du repas ? Pourquoi ont-ils collectionné toutes ces boîtes bleues ? Pourquoi les avoir exposées sur l'étagère du couloir ? Que contiennent-elles ? Les cendres de ma femme.

Quand Michel n'achète pas un *Echeveria strictiflora*, un « pied d'éléphant » ou un *Sedum versadense*, il passe à la boutique chercher de l'engrais, des billes d'argile, ou un peu de compagnie. Il vient après le déjeuner, quand les clients se font rares, et parle à voix de plus en plus haute, l'âge écrasant progressivement le surmoi : Je patauge depuis plusieurs jours, c'est mauvais, mauvais. Des heures à touiller des casseroles pour obtenir des teintes qui s'effritent au séchage, des heures à cuisiner des poudres et acétates comme un apprenti, des heures perdues. Car, évidemment, ce n'est pas la couleur qui importe, mais l'impression sensorielle qu'elle laisse chez celui qui regarde. Il s'égare dans les pigments et solvants, comme les photographes amateurs qui vous serinent avec les marques et les modèles d'objectifs et oublient le sujet, le sujet nom de Dieu ! J'ai passé trop de temps sur des projets commerciaux, faciles. J'ai fui le risque ; on devient timoré à force de se moquer des téméraires. C'est qu'il y avait Bennie. Il voulait être père avant tout. Peut-être s'est-il trompé, sans doute a-t-il négligé sa carrière. Mais il a une merveille de fille. Et il ne s'est pas suicidé, contrairement à Van Gogh, de Staël ou Rothko. Vous savez à quel âge est mort Yves Klein ? Trente-quatre ans. Il ne supportait pas la critique, ça lui a causé son dernier infarctus, un docu surtout, qui se payait sa tête, se foutant de ses performances de pinceaux vivants. Bennie m'a trouvé les vidéos sur Internet ; vous avez vu ça ? C'est à pisser de rire avec le recul. Le type était devenu complètement mégalo, malgré sa gueule de Tintin débonnaire. On y voit des filles qui se frottent à la toile, après s'être foutues complètement à poil et enduites de peinture avec des mines pas possibles. Lui, sérieux comme un pape, cravate et clope au bec, supervise tout ça depuis son escabeau. À l'époque on trouvait ça super, moi le premier. Dieu nous préserve du succès ! On est mieux ici, à faire pousser des pothos et des lithops. Je vais prendre un bouquet de tulipes jaunes aussi, ma fille les adore.

Bérénice a vidé les dernières étagères de sa chambre et descendu ses affaires à la cave. La pièce est nette, dégarnie. Quatre ans qu'elle a quitté l'appartement, le temps passe plus vite que prévu. Michel installe les deux tréteaux livrés par Amazon, pile sous la fenêtre, et porte tout seul, à petits pas précautionneux, le grand plateau de bois aggloméré ; il y déménagera ses succulentes pour qu'elles aient plus de lumière. Au mur, le chamois l'observe avec une nuance de condescendance. Lui savoure l'air frais de l'été alpin. La crête brune de son pelage coule toujours abondamment le long de son échine, le corps est encore déterminé, les pattes avant serrées contre le torse pour se déplier dans un instant et fendre l'air, les oreilles pointent toujours vers le vide des montagnes, mais le regard, peut-être, paraît moins incisif, moins intrépide, légèrement voilé même, après des années de bons et loyaux services. Quinze ans pour être précis. Quinze ans depuis l'été où, sa mère ayant plongé par la fenêtre de la cuisine, Bérénice emprunta à la bibliothèque un livre illustré sur les chamois des Alpes, qui, eux, savent sauter sans s'écraser. Elle en fit son totem, le fourrant dans son cartable le matin, l'ouvrant secrètement en classe sous la table, le lisant pendant les récréations, le relisant au dîner, au petit déjeuner, dormant avec, vivant avec. Elle refusa de le rendre à la bibliothèque. Michel mentit, le déclara perdu. Il s'abîma. On le scotcha, le rescotcha. Pourtant, malgré les soins prodigués, un jour il disparut, perdu pour de bon, et Bérénice fut inconsolable. On fouilla l'école, le centre de loisirs, la piscine : chou blanc. Pour couronner le tout, l'éditeur avait fait faillite. Alors Michel promit un chamois grandeur nature qui veillerait sur elle, posté face à son lit. La tâche ne fut pas si facile. Tu confonds avec les bouquetins, papou. Les cornes des chamois sont plus petites et rebiquent, tu vois ? Et tu dessineras les pieds spéciaux aussi, avec les crochets à l'arrière ?

Michel s'adonna à l'étude de ces alpinistes poilus, ils feuilletèrent une collection de livres sur la faune des montagnes, choisirent ensemble les meilleures couleurs, le meilleur rocher, et le portrait taille réelle de l'animal fut encadré puis accroché au mur face au lit de Bérénice. Sa stature majestueuse, son corps agile et son regard fier en firent un roi, le roi des chamois.

Michel, le soir, au coucher, pour convoquer le sommeil, contait les faits d'armes du monarque, ses aventures et celles de sa bande, franchissant pentes et précipices sans se soucier des éboulis sous leurs sabots, slalomant entre les crocus, puis s'arrêtant pour grignoter quelques bolets et sucer la roche au bon goût de sel. Michel racontait les mères qui, au printemps, lèchent leurs petits, vérifient leurs onglons, les guident à flanc de coteaux, mais ne disait rien des pères et de leur instinct batailleur. On sait cependant qu'ils adorent se disputer, s'entretuer pour une femelle, se planter face à face, se toiser, se dresser sur les pattes arrière, fouetter l'air de leurs sabots, et retomber tête contre tête, corne contre corne avec un bruit d'épée de bois. Gare à celui qui trébuche et franchit l'arête montagneuse. Gare à celui qui tarde à frapper et reste trop longtemps à découvert. Car alors le plus fort plante ses cornes recourbées dans le ventre du rival, au niveau des pattes arrière, et, lorsqu'il redresse la tête, laboure le ventre ennemi de sa ramure, déchire le pelage dru et trace deux sillons rouges dans la peau ferme. Tandis que le vainqueur féconde la femelle conquise, s'écrasant sur elle de tout son poids, le cœur trop lourd du vaincu tombe à terre, sur l'herbe fraîche des vallées suisses. La vie est une bataille, pour les chamois comme pour les hommes, et la virilité n'est pas sans danger.

Bérénice et Daphné ont déserté la cérémonie de remise des diplômes. On ne leur fera pas porter ce déguisement d'avocat avec chapeau carré. Elles se réjouissent de quitter le campus et d'emménager ensemble, même si c'est probablement de courte durée, car Daphné aime Jérôme, et Jérôme, en plus d'aimer Daphné, aime la famille, la Bretagne – ses parents possèdent une maison à Belle-Île –, et occupe seul un grand appartement, à deux pas de chez Christie's où Daphné rêve de se faire embaucher. Il joue au tennis, l'invite à dîner, l'emmène en voyage, difficile de ne pas succomber.

Pourtant d'autres s'en méfieraient. Le romantisme, dans son acception traditionnelle (Saint-Valentin, restaurants, diamants), est un leurre, la façade rutilante d'un magasin dont l'arrière-boutique recèle la crainte du dehors et le désir de claustration, Aurélien en est convaincu. Donc Bérénice aussi. Il ne veut pas d'un petit bonheur frileux, d'un univers rétréci à la carrure de l'être aimé. Elle non plus, bien sûr. L'amour, d'accord, mais le couple bourgeois et les enfants Jacadi très peu pour eux ! (Tu sais qu'on n'est pas obligés de les habiller en Jacadi.) S'ils sont ensemble, c'est pour le mieux, et non faute de mieux. Eux veulent dévorer le monde à deux plutôt que se repaître de l'autre. Une fois ce principe adopté, reste à se mettre d'accord sur les étapes. Aurélien propose d'élaborer un plan décennal de l'ardeur éternelle :

- Sillonner les sous-préfectures de France en Peugeot vintage ;
- Favoriser les Villes Fleuries 4 pétunias ;
- Organiser des parties de poker le dimanche soir. Y convier des amis et des inconnus. Leur servir des Martinis Dry ;
- Se méfier des traquenards de la vie adulte : AG de copropriétaires, jogging, progéniture, chapon de Noël, etc. (Tu ne peux pas mettre les enfants dans le même sac que le chapon ! Dont Bérénice ne connaît d'ailleurs que l'image alléchante sur les emballages Picard, Michel ayant toujours refusé d'en acheter puisque ça ne rentrait pas dans le micro-ondes) ;
- Se voir beaucoup, toujours par désir, jamais par ennui ou par habitude. Vivre chacun chez soi ;
- Perdre le moins de temps possible à gagner de l'argent. (Croise les doigts pour moi, pour l'avenue Hoche. Tu sais, le courtage en naphta ? Mais si, tu sais, du pétrole liquéfié, ça sert à tout, toute l'industrie pétrochimique, tous les emballages en plastique, tout. L'entretien s'est bien passé et… la bourse du Brent clôture à 17 h 30. Fin de journée

à 18 heures et salaire mirobolant pour financer ta carrière d'écrivain) ;
- Écrire ce polar sur l'art contemporain ;
- Interviewer ton père sur le métier de peintre ;
- Lire tous les soirs ;
- Devenir ambassadeur et organiser des soirées avec orgies de truffes et Ferrero Rocher.

— Dis, entre les sous-préfectures, les truffes et l'ambassade, on risque de vieillir vite, non ? Promets de ne jamais m'emmener en week-end gastronomique avant nos soixante ans.

— Je promets, Nice chérie, et je récapitule : fuir les restaurants gastronomiques, écrire, voyager, se nourrir de truffes et de Ferrero Rocher, s'aimer infiniment.

Pour plus d'efficacité, ils signent la feuille, la tachent d'une goutte de sang et mangent le papier.

Objet : Pépite of market 14 h 08

De : aurelien.viotti@gmail.com
À : berenice.lescure@gmail.com

Ok, j'essaie de me libérer. Mais promets-moi, Nicette, que si cet énième coup de cœur atypique est encore une mansarde aux pièces triangulaires, couloir labyrinthique et lumière du nord par vasistas, alors on arrête. Je ne peux pas continuer à quitter le bureau aux horaires de crèche pour passer mes soirées en compagnie d'agents immobiliers. Toute cette petite société au langage sirupeux et servile finira par nous tuer.
À tout à l'heure,
A.

> berenice.lescure@gmail.com a écrit :
>
> Et celui-là ? Tu as vu le petit balcon qui donne sur la Seine ? Comme dans tes rêves aragonesques ! Plus deux vraies chambres – ça peut toujours servir – et un parquet massif point de Hongrie. J'ai pris rdv à 18 h 30, tu peux te libérer ?

Aurélien dort encore. Bérénice se penche, embrasse chacune de ses paupières. Il bâille sans mettre la main devant la bouche, se croit léopard, exhibant ses dents de lait affûtées en crocs blancs. C'est avant 8 heures qu'on perçoit le mieux ses restes d'enfant, de génie genevois moqué et incompris. Sa voix même est encore hésitante à cette heure-ci, vierge des nouveaux « écoutez » ou « vous savez » dont il égrène maintenant son discours à mesure que la journée avance. De ses bras gauches et ralentis par la nuit il s'accroche à Bérénice et, après avoir embrassé la paume de sa main, l'intérieur de son poignet et le creux de son coude, se rendort. Bonne journée, Nicette.

En traversant le square pour se rendre avenue Hoche, Bérénice est prise à partie par des oiseaux déchaînés qui se poursuivent entre les arbres. Des mésanges probablement, décrivant de grands cercles inquiets autour des branches, comme pour enrubanner les érables frileux. L'une d'entre elles bouscule même Bérénice au passage, puis la troupe pique du nez, droit vers la fontaine, déterminée à se fracasser contre le bassin gelé. Bérénice est seule dans le jardin paisible. Que signifie ce manège ? Est-ce à elle qu'on s'adresse ? À la dernière seconde la bande espiègle change d'avis et se propulse brusquement à la verticale, pas peu fière de cette frayeur matinale, avant de se diriger vers les branches basses et de se poster face à Bérénice. L'invitent-elles à les rejoindre pour le prochain tour, planter là le rendez-vous avec la DG et le reste de la vie morne et professionnelle ? Elle interroge la colonie de mésanges, guette une réponse dans les petits corps chauds et palpitants, dans le lacis des branches nues. Rien. Alors elle se remet en route vers d'autres cieux, moins bleus, plus sirupeux, débordants de pétrole liquéfié, de LPG ou de naphta.

Sylvie, la DG, arrive en retard, annoncée par le martèlement de ses talons, son long trench ouvert formant voile et se gonflant au vent de son allure. Quarante-cinq minutes pour faire Neuilly-avenue Hoche en taxi, dingue ! Bérénice tire sur les manches de sa blouse et Clara toque déjà à la porte de verre teinté. Oui ? Honnêtement, c'est du délire ce greenwashing urbain ! Les Hollandais ont rappelé ce matin pour le retard du cargo. Attendez encore six mois et vous verrez, ils auront transformé la place de l'Étoile en piste cyclable. Je les rappellerai. Visiblement les équipes de Shell sont entrées directement en contact avec Glencore. Glencore… Bérénice n'a pas eu le temps de répondre au buyer ce matin… à faire absolument après le rendez-vous. La DG se penche pour fouiller dans son grand sac à main qui bâille à terre, disparaît quelques secondes du champ de vision, puis lorsqu'elle met la main sur les deux téléphones, se relève brusquement et rajuste sa mèche d'un vigoureux coup de tête. Douze appels en absence. Vous m'avez transféré leur position pour le Q3 ? Quand était prévu le chargement ? Vous venez en vélib, vous ? Il paraît que ça déconne complètement. Merci. Non, le cargo pour Shell je voulais dire. Vous voulez que j'appelle directement les opérations ? Oui, merci Bérénice. Ou plutôt, non... attendez, Clara, dites-leur que je les recontacte dans dix minutes. On ne va pas se laisser intimider par un trader prépubère, c'est pas un charity shop ici. Et, s'il vous plaît, Clara, vous pouvez rappeler à l'IT de désynchroniser mes boîtes pro et perso ? Je ne peux pas me coucher tous les soirs à minuit avec quarante-trois notifications de Texans en chaleur affamés de LPG.

Magnifique bulldozer. La porte de verre se referme, la DG ajuste sa mèche rebelle, puis sourit. Vous aimez la musique ? J'ai deux places pour Tchaïkovski ce soir. La violoniste est exceptionnelle. J'aimerais vous garder dans l'équipe, Bérénice. Nicolas m'a annoncé son départ la semaine dernière ; juste au moment où je voudrais qu'on développe les swaps sur le naphta... Tout le monde vous apprécie, le P&L est prometteur, je vous ai vue faire avec les clients, ça fonctionne bien, et vous parlez arabe, ça m'intéresse. Uniquement l'arabe littéraire, j'ai un peu perdu depuis... Oui, on sait très bien que personne ne parle vraiment arabe, mais vous avez les bases, c'est l'essentiel. L'argent est au Moyen-Orient. Je vous mets sur le desk si vous vous sentez d'attaque. Naphta Middle East.

Elle fond à nouveau dans son sac. Tenez, les places pour ce soir. Allez-y avec votre jules. Vous me dites vendredi ce que vous en pensez ? Pour le naphta, j'entends. Clara, vous envoyez le draft du contrat à Bérénice ?

Questions européennes, finances publiques, économie, la tannée ! Aurélien le littéraire ne rejoint la prép' ENA qu'à contrecœur, en cours d'année, rebuté par le contenu des cours, se fichant bien des « évolutions constitutionnelles sous la Ve République » ou des « recours administratifs préalables », terrifié aussi par les coefficients dévolus au sport.

D'ailleurs, veut-il vraiment devenir ambassadeur ? Que connaît-il à la diplomatie ? Rien. Rien c'est toujours mieux qu'un poste d'ATER à Troyes sur lequel se ruera avec toi tout un cortège d'agrégés aux cheveux filasse, piccolino. La carrière universitaire manque de brio. Et écrivain ? La nonna sourit. Écrivain c'est un statut, pas un métier, et malgré tout, aujourd'hui, il faut quand même travailler, ne serait-ce que pour se faire des amis.

Alors il s'y colle et Bérénice l'encourage. Pense aux Ferrero Rocher.

Le grand O ? Le grand O, il ne s'en est pas trop mal sorti, ça passera. Finances publiques et économie aussi, c'est la natation qui l'inquiète. À quoi rime cette humiliation, ces cohortes de premiers de classe grelottant sur les rives de piscines municipales ? Qui a décidé que les hauts fonctionnaires devaient nager le papillon ? On l'ignore, mais dans l'eau tiédie par le chlore et le stress acide des candidats, des brassées d'aspirants énarques dos-crawlent à tout rompre. On distingue le frêle Aurélien dans la mêlée, aveuglé par l'eau qui s'infiltre dans ses lunettes pourtant trop serrées, dérivant vers les rondins de plastique bleu-blanc-rouge, puis écrasant bravement son bras droit contre le podium carrelé en fin de ligne. Pendant tout ce temps, Bérénice tape sur son clavier avec les doigts fermement croisés pour convoquer la chance.

1 431 photos, 48 videos and nearly reaching 800 followers 🔥🏆❤ ! Bienvenue dans la grande vie ! Les vignettes carrées défilent et forment une envoûtante mosaïque. On ne dit pas instagrameuse mais influenceuse. La rousse à la bouche ourlée et au charmant strabisme est une fille influente. Si, au début, au tout début, elle postait depuis son salon où elle dansait en legging et brassière ajustée, se glissait nue, en ombre chinoise, dans des bikinis fluo, se maquillait, se démaquillait, se remaquillait, sirotait des expressos, puis du vin dans des verres à pied surdimensionnés, ses aventures, maintenant, se déroulent sous le soleil de Bali, Mykonos ou Dubaï. On la voit, trempée dans l'eau turquoise, l'océan à mi-cuisse, vêtue de paréos mouillés et translucides, riant de toutes ses belles dents, son ventre plat parsemé de gouttelettes étincelantes. Les photos n'en finissent pas, déferlante de stupre lustré et coloré, joie inégalée sponsorisée par des marques de boissons vitaminées, financée par des hôtels de luxe où l'on boit des Sex on the beach dans des noix de coco, par des marques de maquillage, de mode, de compléments alimentaires, d'étuis pour téléphones portables, de joaillerie, de chocolats, de voitures, de tout ce que la vie fait de désirable.

Objet : TR Poésie diplomatique 16 h 08

De : aurelien.viotti@diplomatie.gouv.fr
À : berenice.lescure@gmail.com

Tu aimes mon matricule, Nice chérie ? Même Gogol n'aurait pas imaginé tant de poésie. Je te raconterai demain les délices de la badgeuse et de la carte de cantine (moi qui comptais t'inviter dans un restaurant étoilé avec ma provision annuelle de tickets restau…). J'ai raflé un bureau au quatrième étage, tout en longueur, avec un œil-de-bœuf pour toute ouverture sur l'extérieur, moquette et auréoles d'humidité, tout le charme de l'ancien. Après l'escalier, tu tournes à droite, encore à droite, tu longes les toilettes, et tu me trouves, juste à côté de l'imprimante et de la machine à café. En premier lieu, s'emparer des postes de ravitaillement, j'applique ce qu'on m'a appris à l'ENA !
Je subtiliserai quelques capsules Tassimo pour compléter mon barda le mois prochain, avant de partir au « stage de préparation aux situations de crise ». Je regrette d'ailleurs que tu ne puisses pas venir avec moi. Deux jours de colo avec les nouveaux du ministère, afin de se préparer aux situations de prises d'otages, séquestrations ou chantages, ça promet d'être excitant. Je suis sommé en tout cas d'apporter ma tenue de rechange, une lampe de poche, des biscuits secs et des sacs-poubelle pour tenir mes affaires au sec. Un havresac nous sera fourni cependant. Après ça je serai fin prêt pour intervenir en cas de kidnapping des ramettes de papier.
Je t'embrasse, Nice. À demain.

Ton Akaki Akakiévitch

PS : Si tu savais comme tu me manques.

rh@diplomatie.gouv.fr a écrit :

Monsieur Viotti,
Veuillez trouver ci-dessous votre arrêté d'affectation :

Ministère des Affaires étrangères –

ARRÊTÉ D'AFFECTATION

Nom de naissance : Viotti
Nom marital ou d'usage : Viotti
Prénom : Aurélien
Catégorie : A
Libellé LOLF : titulaires et CDI à l'administration centrale
Grade : conseiller
Échelon : 4
Matricule : FR5676TYG5
Service : CDCS
Fonction : chargé de mission ; cat. A
Numéro de poste de travail : 00010407885

Le ciel est une mer blafarde aujourd'hui. On y a tendu, pendant la nuit, de longs rubans de coton hydrophile, moelleux et infinis, comme ceux, si doux, que l'on trouve à bas prix en grandes surfaces, empaquetés en festons dans des sachets rectangulaires. La guirlande blanche, dépliée, forme une voûte opaque que le soleil tente de percer, cherchant à s'infiltrer à travers les morsures prédécoupées mais ne parvenant qu'à allumer la ville d'une lueur cireuse.

Michel s'est levé au petit matin, ou à la fin de la nuit, à 5 heures et quelques poussières, heure où embauchent les retraités pour le shift matinal – pourquoi dort-on si mal quand on vieillit ? Il a vu s'installer tout le décor de cette journée aveugle, a deviné, dans l'obscurité, les préparatifs silencieux, la ouate qu'on cardait en secret sur l'atmosphère. La journée, d'emblée, était mal partie. Alors aux grands maux les grands remèdes. Michel saisit la perche crochetée pour ouvrir le velux au-dessus du lit, manœuvre tant bien que mal, et parvient à faire entrer l'air frais dans la chambre-atelier. Ça ne suffit pas pourtant, on étouffe encore avec tout ce blanc mat qui goutte de là-haut. Alors il va chercher une chaise, la pose sur le matelas, et entreprend d'y monter. Les pieds tanguent doucement, il chute sur le lit, mais se relève fièrement, la hanche en plastique indemne. S'aidant de la perche pour tenir l'équilibre, ne lâchant le dossier de la chaise que pour le rebord de la fenêtre, Michel se hisse au sommet de cet échafaudage vacillant, et le corps droit, la tête dressée au milieu du champ d'ardoises, cramponné au rebord du toit, il respire enfin. Puis en profite pour interroger l'horizon : que reste-t-il à venir ? Que reste-t-il à faire ? Il voudrait déchiffrer au lointain les grandes lignes du futur, mais il n'y a pas de lointain avec ce temps de craie, il n'y a que du présent sous une coupole blême, un tout petit espace au-dessus du velux où tournoient des lendemains, quelques après-demain, une poignée de semaines prochaines, peut-être un mois à venir, mais rien de plus, le ciel, inflexible, refuse toute promesse d'avenir, ne laisse pas grand-chose à espérer. Peut-être quand même quelques années supplémentaires, une ou deux, pour finir la série des pigments ? Et pour Bennie, pour sa fille chérie, du bonheur par brassées. Ça, on ne pourra pas le lui refuser.

Nous commençons notre visite par l'antichambre des huissiers. Le tableau face à vous représente le traité de Paris, signé en ces lieux mêmes en 1856. Quelques années plus tard, la toile servit de cible aux communards qui prirent l'édifice d'assaut, et malgré la restauration, vous pouvez encore déceler des traces de balles dans la peinture.

Michel, la nonna arrivée de Genève et Magda, invitée à la dernière minute, chaussent leurs lunettes pour repérer les impacts de plomb.

Aurelino, j'ai proposé à Magda de venir, ça ne te dérange pas ? Magda, tu sais, mon amie du sana. Son mari est mort il y a deux mois. Du cancer. Une horreur. Je voudrais lui changer les idées.

Aurélien salue l'amie veuve du sana, obtient de l'huissier le droit d'ajouter une cinquième convive à la visite très privée de l'aile de réception du Quai d'Orsay, et déjà la petite bande traverse l'enfilade de salons : salon du Congrès, salon de la Mappemonde, salon de l'Horloge, où l'on admire des dorures, des bougies électriques sur candélabres à pendeloques de cristal, des dorures, de pesants rideaux festonnés, des bergères, des duchesses, des ottomanes, des récamières de velours, une mappemonde, une horloge, des dorures, des dorures, des dorures.

Conseiller multilatéral au Centre de crise et de soutien du ministère, Aurélien trépigne depuis plus d'un an dans la mansarde à œil-de-bœuf qui lui sert de bureau. Lui qui rêvait de quitter Paris pour tâter du terrain, découvrir Kaboul, Téhéran, Kinshasa, Nairobi, a pourtant su entendre raison : on l'oublierait dans ces pays où l'on envoie les parias du ministère ; en début de carrière, mieux vaut se faire connaître à Paris. On pense à lui d'ailleurs pour épauler le numéro deux sur le pôle « Français en péril à l'étranger » : un poste stimulant, nécessitant des compétences diplomatiques affûtées et une bonne maîtrise du stress, un véritable marchepied en début de carrière. C'est pour toi, ça, juge Bérénice qui craint de le voir périr sous les bombes d'un pays sous-développé. C'est mieux que le Pakistan par exemple. Courage n'est pas témérité.

Pour l'heure, cependant, il est sain et sauf et s'ennuie abondamment, ce qui est mauvais pour l'inspiration. Entre les lignes du tableau horaire que lui envoie chaque mois la DRH – à titre indicatif bien sûr, les cadres n'étant pas soumis aux lois de la badgeuse –, au détour des couloirs où la peinture craquelle, au gré des V9, V10, V11 des notes diplomatiques, dans le langage sibyllin des ReTex, Comex et autres acronymes apocalyptiques, Aurélien guette un signe, une occasion, un événement qui fera de lui un diplomate, un vrai, un brave. Le destin pour l'instant ne lui a fourni que de sages péripéties, des intrigues en demi-teinte, des rebondissements à l'aquarelle pour jeunes filles de bonne famille, mais il se tient prêt à écrire enfin le scénario de sa vie et de son premier roman.

En attendant il rêve, imagine sa vie d'après, étire les pauses-déjeuners et descend régulièrement flâner au rez-de-chaussée, dans les salons de réception du ministère, où il s'est fait un allié de l'huissier qui garde les lieux et lui accorde maintenant certaines faveurs, une visite en petit comité des pièces d'apparat par exemple, à laquelle il convie Bérénice, son père, la nonna, et par la force des choses Magda, l'amie veuve du sana.

Intimidé peut-être, ou méfiant, Michel n'a pas voulu laisser le manteau Bibendum au vestiaire – tu sais qu'il finit par être vraiment usé, papou, tu ne veux pas que je le mette au pressing ? Mais il fait chaud chez les diplomates et Michel transpire. Il s'arrête devant la fenêtre, retire sa doudoune, la porte sous le bras, prend du retard sur la visite, encombré par le manteau édredon. Face à lui se déploie le jardin du Quai d'Orsay, caché au grand public, la vaste pelouse, brossée à la perfection, où l'on distingue encore, autour de la fontaine, les rails concentriques laissés par la tondeuse, témoignage du manège solitaire d'un jardinier obsessionnel. Le fric que ça doit coûter, cette baraque.

À la tête du peloton, la nonna parle fort, en italien, langue universelle, donne son avis sur la décoration, et ne peut s'empêcher, lorsque la petite troupe monte au premier étage, de s'accrocher au bras d'Aurélien, rassasiée de fierté. Rebelote : petit salon, grand salon, salon du Billard – sans billard –, salon de la Mappemonde, salon Napoléon III, l'huissier fend l'espace, traverse les salles et débite le laïus de rigueur à un rythme effréné. Lorsqu'il reprend enfin son souffle, l'amie endeuillée, grand front, œil intrigant, tenue noire et épaisse chevelure blanche – Michel trouve son visage presque familier, il lui rappelle une star de cinéma, quelqu'un de connu –, qui n'a pas dit grand-chose jusqu'alors, se laisse tomber dans un fauteuil replet, au milieu d'un cheptel de sièges capitonnés, tendus de tissu fleuri, aux accoudoirs de velours et agrémentés de pompons à franges. Michel l'imite. Avalés l'un et l'autre par leur fauteuil fondant, haletant encore de l'expédition diplomatique, ils se sourient. Liv Ullmann ! C'est ça ! Magda est le portrait craché de Liv Ullmann. Une beauté. Et un drôle de regard.

Piccolino, dis-moi : Michel, le père de Bérénice, il est bien peintre, n'est-ce pas ? Magda possède quelques gravures qu'elle voudrait vendre. Il pourrait la conseiller ? Tu les mets en contact ? Sei un tesoro !

Lorsqu'ils se retrouvent, Aurélien et Victor boivent. À la forfanterie des soûleries étudiantes se sont substitués le goût véritable, le plaisir raffiné de la dégustation, puis, l'habitude. Les parents de Victor possèdent un domaine en Bourgogne et l'ont initié tôt, dès l'adolescence, un verre le dimanche, un deuxième lors des mariages, un autre encore pour les anniversaires. Le vin est une tradition qui se transmet de père en fils, un art de vivre à chérir et préserver. Prosélyte, Victor a converti Aurélien, qui initie Bérénice, et son père par la même occasion.

L'année dernière, pour varier les plaisirs et corser les degrés, Aurélien et Victor se sont inscrits à l'académie La Maison du whisky, et depuis comparent ensemble les mérites des écossais, irlandais, japonais, taïwanais, bourbons et ryes. Mais Victor, mauvais joueur, prend de l'avance à domicile où il s'est constitué une honorable collection, fréquemment renouvelée.

Victor boit avec élégance, ne dissimule pas son addiction, trinque même volontiers à son alcoolisme, quand ce n'est pas à la noirceur de l'âme humaine, dont il commence à avoir un beau panorama avec les clients qu'on lui colle lorsqu'il est commis d'office, les meilleurs ! Les meilleurs car les pires : terroristes, maris violents ou pères incestueux. Il commande un Akkeshi Single Malt pour oublier le résultat de l'audience : c'est la deuxième fois que son client écope d'une peine supérieure à celle du réquisitoire. Il est emmerdé, là. Le père du prévenu l'a même frappé en sortant du Palais de justice, annonce-t-il avec ce sourire de philosophe dépressif. Une sorte de sourire à la Gabin, viril et désabusé, qu'Aurélien lui jalouse. Victor, c'est la force de l'inertie, le panache de l'échec, le perdant magnifique qui a plaqué l'école de commerce et le business pour devenir pénaliste, choisir ses horaires et écrire le reste du temps. Un taiseux mystérieux, l'exact opposé d'Aurélien, qui disserte, s'agite et se hisse, quand Victor, lui, attend, immobile, distant, indolent, puis récolte. Des filles en tout cas. Même si les choses ont changé maintenant : l'ami séducteur veut se contenir, se tenir, apprendre la fidélité. Au nom de Sophie, fille explosive rencontrée le mois dernier, future mère de ses enfants, tout en tatouages, cheveux bruns, jurons, cigarettes, parfum d'homme, lèvres très rouges et veste Chanel, buvant comme une diablesse. Tu la verrais, elle te descend un Hennessy Paradis en trois lampées. Alors Aurélien ne pourra plus vivre ses tribulations donjuanesques par procuration ? On cherche un appart. Non, plus de tribulations. Méfie-toi de la vie commune et de l'installation, mec, prévient Aurélien. Veiller, toujours, à conserver ce qu'il faut de panache et de mystère ; sagesse d'une grand-mère italienne qui fit quelques ravages en son temps. Bérénice voudrait qu'ils emménagent ensemble, lui freine des quatre fers. Il l'aime, bien sûr, évidemment, mille fois, dix mille fois, il aime ses seins frais, ses yeux francs, sentir ses cheveux qui tombent sur son visage et lui brouillent la vue lorsqu'elle se penche sur lui, sa tendresse, sa détermination, sa dévotion, et son absence aussi ; qu'elle ne soit jamais acquise, le plaisir de la reconquête, le goût de l'éloignement, l'amour comme dans les livres ; et puis rêver, s'évader, se promener seul, marcher la nuit dans les rues après le travail, la liberté, sur toutes les pages lues, sur toutes les pages blanches. Surtout les pages blanches. Liberté, liberté chérie.

Comme Victor, Aurélien aimerait tellement être son propre chef. Ça a plus de gueule de se faire cogner par le père d'un braqueur que de mariner sous les toits du ministère. J'aurais dû faire comme toi, mec. Pénaliste, pianiste, taxi ou écrivain, les seuls vrais métiers de valeureux.

Puis les anciens littéraires et futurs prix Goncourt s'adonnent à leur rituel préféré : l'épinglage des anglicismes envahissant le discours professionnel – le stagiaire m'a demandé aujourd'hui s'il fallait revoir le wording d'un courrier, j'ai fait mine de ne pas comprendre –, déplorent ensuite l'apparition des trottinettes électriques et s'emmitouflent d'une couverture de second degré pour parler bagnoles. Ils envisagent d'acheter à deux une Peugeot 304 cabriolet, décapotable à carrosserie bordeaux. Le véhicule se trouve dans la périphérie de Gand, en Belgique, au fin fond d'un hameau reculé. On s'en fout, on y va. Le père de Bérénice sera sûrement d'accord pour nous prêter sa caisse à l'aller. On part dimanche, on jette un œil au moteur, on se fait une bière-frites-gaufre et tu conduis le cabriolet au retour.

Pensifs, heureux, ils avalent lentement une gorgée d'Akkeshi Single Malt, et à travers le lourd verre de cristal et l'élixir gras venu d'Hokkaido, on voit briller une lueur intrépide dans leurs yeux d'aventuriers.

Objet : Votre crédit immobilier 15 h 45

De : aurelien.viotti@gmail.com
À : berenice.lescure@gmail.com

Tu crois que l'assurance va me demander un toucher rectal ? Je tremble !

nicolas.brauveuil@partnerfinance.com a écrit :

Chère Madame, cher Monsieur,

Tout d'abord, permettez-moi de vous adresser toutes mes félicitations pour votre acquisition. L'achat d'un premier bien est un saut vers l'avenir avec la sécurité de la pierre pour filet.
Je vous prie de noter votre identifiant commun : FGHK266Z, qui servira de référence pour l'ensemble de vos démarches, et attire votre attention sur la nécessité de réaliser au plus tôt les examens médicaux requis par la société d'assurance.
Soyez convaincus que nous mettons tout en œuvre pour offrir à votre couple le foyer qu'il mérite.

Belle journée à vous,

Nicolas Brauveuil
Partner Finance
31 rue de Miromesnil
75008 Paris

C'est un mois de février glacial. Au réveil tous les velux sont poudrés de blanc et quand Michel ouvre celui du fond, un petit paquet de neige tombe au sol dans un bruit étouffé. Ira-t-il tout de même à pied ? Marcher pour ne pas rouiller.

Mais, dans la ville enneigée et glissante, ce rendez-vous devient une expédition polaire. Avec ce temps, il ne faut pas songer à marcher ; simplement, regard au sol, glisser, patiemment, précautionneusement, un pied après l'autre sur les trottoirs verglacés. Protégé par la pelisse des pneumatiques, il s'accroche aux immeubles, aux poteaux, aux arceaux métalliques des poubelles, savourant ces îlots de sécurité. Encore un morceau de rue de Crimée et bientôt on apercevra le canal. Alors il n'y aura plus qu'à longer le cours d'eau et tourner à gauche.

Lorsqu'il lève la tête, Michel voit les autres Parisiens, ébahis eux aussi par le monde blanc qui leur est tombé dessus, par ce silence de neige qui absorbe les bruits de la ville et ne laisse entendre que le crissement des pas sur un tapis de riz.

Une fois arrivé à destination, au chaud dans le hall de l'immeuble, devant la glace en pied de l'ascenseur, Michel se trouve l'air d'un oiseau disgracieux. Le vent a plaqué ses cheveux, durci ses traits, de la neige fondue lui coule sur le visage suivant les rigoles des rides. Il se sent gauche, regarde ses pieds, se souvient de la remarque de Bennie – on dirait les souliers de Oui-Oui, papou. De gros godillots noirs, pratiques mais inélégants, boueux de neige sale.

Sur le palier, le visage de Magda, à l'inverse, est une piscine de clarté. Les cheveux blancs, pas gris ou vieillis, mais blanc immaculé, comme la neige abattue sur la capitale. Ce front immense qui lui donne l'air éberlué, et au milieu des plis du temps, des yeux qui n'existent pas, des yeux lavande. Magda lui montre les gravures : elle n'en tirera pas grand-chose, mieux vaut les garder. À peine dépitée, elle sert un café trop dilué dans de petites tasses décorées de pivoines. Elle va et vient, essoufflée, entre la cuisine et le salon, rapportant des soucoupes, des cuillères, du sucre, des financiers miniatures et tout un tas d'autres choses inutiles.

Ils discutent. De la nonna – une amie de jeunesse, du sana. À l'époque, tout le monde avait la tuberculose, c'était plus gai, on se sentait moins isolé. D'Aurélien – Magda réserve son avis –, de Bérénice – à quel âge l'a-t-il eue ? Elle calcule l'âge du père, recalcule, ne le croit pas, il fait dix ans de moins, quinze même –, des enfants – non, elle ne regrette pas –, et de ses ex-maris – deux, morts l'un et l'autre d'un cancer, le dernier il y a quatre mois. Comme c'est mon signe astrologique je commence à m'inquiéter.

Elle sourit et la lavande de ses yeux se mouille de rosée. Ils comparent les organes qui leur manquent : elle, le poumon droit, et bientôt le gauche peut-être, puisqu'une BPCO – bronchopneumopathie chronique obstrusive – commence à s'y attaquer ; lui, une bonne partie de l'œil gauche, avalé par sa propre macula – ils appellent ça la DMLA –, et une hanche, remplacée par un modèle en plastique.

On lui a déjà dit qu'elle ressemblait à Liv Ullmann ? Dix mille fois. Magda sourit, rit, à gorge déployée, selon l'expression, mais effectivement, sa gorge se déploie, son torse s'ouvre, elle incline légèrement la tête en arrière, avant qu'un début de toux sèche ne replie la machinerie et ne la force à se recroqueviller pour atténuer les saccades qui secouent sa poitrine. Puis elle retrouve son air grave et facétieux en même temps, étrange, le regard triste et impertinent sous le grand front sage, qui avait déjà surpris Michel au milieu des dorures diplomatiques. Et ces yeux…

Certains appellent ça le gène d'Alexandria ; c'est un mythe. Ils sont bleus, bêtement bleus, mais la lumière les fait changer de reflet.

Michel fixe les pupilles mauves délavées, ferme son œil à macula, recule le visage. Elle a forcément quelques pigments rouges incrustés dans l'iris. Mauve, non. Lavande, pas vraiment, plutôt glycine ou gris de lin. Depuis la retraite, il est spécialiste en pigments et nuances. Gris de lin, oui.

Qu'est-ce qu'il peint ?

Il pourrait lui montrer. Malheureusement, il n'a plus que les restes à présenter, les toiles dont Chicago ne veut pas. Sa fille l'a inscrit sur une galerie en ligne, internationale, et les Américains raffolent de sa nouvelle série.

Je prendrai les restes alors. À mon âge, on ne peut pas se montrer trop exigeante.

*

Ils ont bu trop de café sans doute. Avec ces visages dépliés, toutes dents dehors, les phrases qui se coupent, les mots qui se bousculent, ce n'est pas dix ou quinze ans de moins qu'ils ont, mais soixante ou soixante-dix.

Lorsqu'ils se revoient quelques jours plus tard, Magda porte un pull de laine blanc chiné, parcouru, de haut en bas, par des serpentins en relief qui se croisent à intervalles réguliers, tantôt celui qui remonte cédant la politesse à l'autre, passant en dessous, tantôt l'inverse. À leur jonction, les courants de laine forment une déclivité dans la guirlande, les mailles se resserrent, là, comme ça, ça ne s'effilochera pas. Sous le pull, il y a encore une couche, un tissu mince et souple, qui suit les courbes de la peau. Puis en dessous encore, là où les mains tordues de Michel sont posées maintenant, les hanches s'épanouissent, la chair coule, gonfle la peau, jusqu'à ce qu'une mince ceinture l'arrête, sanglant le corps avec rigueur. Quand ils se retrouveront tout à l'heure sur le couvre-lit imprimé de jonquilles, allongés sur les pétales jaune cobalt, or, ou nankin froissé, il verra la trace rouge laissée sur le ventre de Magda par ce jonc de cuir. C'est elle qui l'a embrassé. À cause du petit-chablis. Je n'ai plus l'habitude de boire, moi, je suis grise. Comme il porte toujours les manches retroussées, cow-boy parisien, lorsqu'il retire son éternelle chemise en jean, une fois la lumière éteinte, le tissu accroche au-dessus des coudes. Dans l'obscurité, leurs mouvements sont malaisés, interrompus par une boucle de ceinture, une agrafe, une bretelle, ou un fragment de pudeur. Ils trébuchent, jouent à avant, avec gravité, se remémorant petit à petit les gestes, l'inquiétude, s'étonnant en silence de la sève sous la peau de parchemin, et par moments ils interrompent le manège, souriant de leur maladresse, attends, attends, retirant le petit bouton imitation nacre de sa manche à elle.

Pour le reste, on ne dira rien. Ils n'ont plus vingt ans, mais ils ne sont pas morts, et ce tour joué à la vie les surprend eux-mêmes.

Il n'y a plus de place sur cette colline de Haute-Savoie. Tous les bancs de Notre-Dame-de-Toute-Grâce sont occupés. Certains invités restent debout, s'appuyant aux colonnes, admirant les vitraux, d'autres se sont assis dehors, sur le perron, ou même au bas des marches, sur des chaises d'appoint sorties en catastrophe par le servant d'autel. On tend l'oreille pour saisir les bribes d'homélie qui s'échappent de la porte en bois aux ventaux grands ouverts. Le son de l'orgue filtre depuis l'intérieur, à peine dilué dans cet air chaud et immobile.

Magda, parmi les convives exilés sous le ciel bleu de l'été finissant, considère la façade peinturlurée de l'église en forme de chalet, et alentour le paysage de cette station sanatoriale de Haute-Savoie où elle a rencontré la nonna cinquante-cinq ans plus tôt.

Dans son cercueil d'acajou, trop long, trop large – ils ont pourtant choisi le plus petit modèle –, perdue dans des vagues de soie mauve, la nonna a les joues creuses, l'air dur, contrit. Elle qui était la fantaisie même. Très peu de maquillage, selon ses souhaits, comme souligné au bic vert dans le testament : Non voglio assomigliare a Helmut Berger travestito da Lili Marleen[1]. De récents exemples d'amies passées de l'autre côté lui avaient laissé une sinistre impression ; le rouge à lèvres fuchsia surtout, sur les fines lèvres pincées par la mort, et l'odeur prégnante de la terracotta sur ces poupées d'os barbouillées.

Aurélien, recroquevillé sur la chaise de paille, accuse le sort et l'ironie de la vie. Si seulement Maria n'était pas partie plus tôt ce soir-là, si seulement elle était entrée dans le salon, en fin d'après-midi comme d'habitude, apportant sur le plateau d'argent un troisième Martini Dry et la petite feuille quadrillée avec le menu du lendemain écrit au crayon de papier. Alors, il aurait suffi d'appeler les secours, de brancher la nonna aux tubes et appareils idoines, de la déposer sur un brancard pour l'emporter et la sauver, au lieu de la laisser reposer bouche bée, affalée dans son fauteuil, terrassée par la beauté du lac sous le soleil cuivré de fin d'après-midi. Aurélien se serait précipité gare de Lyon, engouffré dans un TGV pour Genève et pendant trois heures douze, sur un strapontin de l'espace dédié aux enfants mal élevés et aux brouilles professionnelles, sans pleurer, il aurait avalé les centaines de milliers de sapins du trajet, pour, à l'arrivée, fendre la foule, courir vers la clinique comme un possédé, gagner la chambre aux murs bleu ciel et embrasser les mains fatiguées de la nonna, juste avant qu'elle ne rouvre les paupières pour le saluer. Sur la petite table d'hôpital encastrée dans le lit, ils auraient

1. Je ne veux pas ressembler à Helmut Berger déguisé en Lili Marleen.

joué au poker, croqué des Kambly, débattu des dilemmes diplomatiques du moment, Aurélien inventant quelques informations secret-défense pour attiser sa curiosité et hâter la guérison. Il lui aurait offert des fleurs, des livres sur le magnétisme, des chocolats au lait, et bientôt l'aurait emmenée se promener autour du lac, soutenant son bras chétif et amaigri, la soulevant presque par le coude, minuscule grand-mère si légère. Il aurait pris des jours et des jours de congés, se serait mis en disponibilité, aurait déménagé à Genève, pourvu qu'elle ne meure pas, pourvu qu'elle ne le laisse pas. Mais Maria était partie plus tôt ce soir-là – son frère fêtait son anniversaire – et la nonna était seule chez elle quand la crise survint. Le lendemain matin, la première chose que la bonne aperçut – tu ne peux pas dire « la bonne », Aurélien –, la première chose que la bonne aperçut fut un verre de Martini renversé sur la moquette marron. La mâchoire de la morte s'était raidie dans une expression interloquée et les embaumeurs eurent toutes les peines du monde à lui refermer la bouche.

Allongée maintenant dans la chapelle jouxtant le sana de sa jeunesse, la nonna se noie dans la marée lilas du cercueil, bouche entrouverte, avide encore de vie et de plaisirs. Les proches, en noir, pleurent au micro et Bérénice, assise au premier rang à côté d'Aurélien, retient son dos d'une douce pression de la main, contient les osselets fragiles de la colonne, empêche le torse de céder et de s'écraser sur les dalles fraîches.

Tandis que la nonna boit la tasse, que le monde d'Aurélien s'écroule, dehors, sous un ciel bleu sans nuages, suspect, les arbres dégagent une odeur de résine entêtante, et derrière l'église et la foule endeuillée, les montagnes suisses déchirent l'horizon de leurs arêtes tranchantes.

PARTIE 2

Sous le ciel clément d'avril, Michel et Magda profitent du printemps en terrasse. Il est 14 heures, Notre-Dame de Clignancourt sonne deux coups de carillon et le soleil tombe à l'oblique sur la terrasse du Nord-Sud, mangeant la table de lumière, illuminant les visages de Michel et Magda, laissant Aurélien et Bérénice dans l'ombre.

De la première rencontre au Quai d'Orsay, Bérénice gardait de Magda l'image d'une femme en noir et blanc, discrète, inoffensive, au regard étrange et délavé, mais l'amie endeuillée a troqué ses habits sombres contre une veste à col rond, couleur corail, et striée de fines rayures crème. Elle a le rose aux joues, les lèvres assorties, et, Bérénice en convient, les yeux presque mauves, une sorte de bleu lavande. Gris de lin, Bennie. Si tu veux, papou.

Les deux couples trinquent. Au plaisir d'être réunis ! À leur prochain déjeuner, qui se déroulera normalement face à la Seine… chez eux. Surprise du côté ensoleillé de la table. Chez eux, oui, car ils emménagent ensemble, enfin. Ils achètent. Quatre-vingts mètres carrés, vue sur la Seine ! Exclamation. C'est que votre fille est déterminée. Après tout, l'amour est fait de concessions. Et puisque tout le monde trouve l'achat judicieux... Pas de travaux, rien à refaire, coup de cœur assuré. Sans doute ne pouvaient-ils plus vivre comme des oiseaux sur la branche. D'ailleurs les oiseaux aussi s'affairent et façonnent leur nid.

Tu entends ça, my love ? Michel, éternel locataire, ravi et terrifié, fait répéter le montant. Magda tente une boutade – en anciens francs ? –, Michel n'en revient pas. C'est du délire ! Il s'abandonne à l'une de ces exclamations de chouette dont il a le secret, de celles qui faisaient honte à Bennie quand elle était petite, quelque chose comme un début d'éclat de rire, mais tout de suite étouffé, laissant seulement échapper de petits sons aigus. Où exactement, quelle station, quel étage, combien de mètres carrés déjà, combien de fenêtres ? Michel s'agite, il faut fêter ça ! Il tend joyeusement ses doigts tordus d'arthrose vers le ciel, cherche du regard un serveur, avant de reposer le coude sur la table, victime d'un serrement de cœur inattendu : À côté de la Bibliothèque nationale ? C'est pas la porte à côté dis donc.

Le bonheur tient à peu de chose : un million et des poussières, l'eau et le ciel par la fenêtre. On mettra une petite maison de bois sur le balcon, pour faire venir les oiseaux.

Le casque qu'on lui a fourni la protège du bruit et lui permet de communiquer avec le pilote, mais on voit bien sur la photo que ses mèches folles, cuivrées et insoumises, se sont enroulées autour du micro et risquent de brouiller la communication. Qu'importe, elle en rit, car rien ne lui fait peur ! Pas même un périple en hélicoptère au-dessus des Trois Vallées. Pour les besoins de la vidéo, le pilote accepte de piquer vers l'un des sommets alpins, et Oh Gosh !!! La voix se fait aiguë, inquiète, sensuelle dans le péril. 🚁🌄😓

Sur les clichés suivants, elle porte des combinaisons de ski aux couleurs variables mais toujours siglées, ajustées et immaculées. Elle se grise de poudreuse, en éclabousse l'objectif, cligne des cils avec grâce pour en chasser les flocons, puis, si on slide vers la gauche, on la voit, joueuse, attaquer une piste déserte qu'elle descend avec bravoure, s'aidant de sa cambrure pour négocier les virages.

À l'arrivée, une fois les couches de Gore-Tex ôtées, elle profite d'un moment de réconfort sur la terrasse du chalet privatisé par une marque de luxe, la même qui l'a invitée ici, à Courchevel, avec un lot d'influenceuses de diverses nationalités et couleurs de cheveux. Heidi a un net avantage : les rousses sont rares et leur insolence appréciée.

Sondage, maintenant ! Qui des sommets enneigés ou de son sourire harmonieux est le plus éblouissant ? Heidi connaît la réponse – elle a fait la promotion, à ses débuts, de gouttières luminescentes pour blanchir les dents – et, tendant vers l'objectif un verre de Spritz, elle trinque à sa victoire. First skiing ever, so exciting ! ⛷❄🏆

#ski #courchevel #ilovewinter #mountains #winterlook

Michel est réveillé depuis longtemps mais il reste au lit, immobile, les yeux fermés, entre la nuit et la vie. Le voisin d'à côté se lève. Déjà ? Il a sûrement ouvert sa fenêtre car Michel distingue le bruit des battants qui claquent à l'air libre. Puis il entend le cliquetis de l'interrupteur de l'autre côté du mur, les rapides ablutions dans la salle de bains, même le tintement de la brosse à dents dans le gobelet. Dehors, le jour s'élargit. Quelle heure est-il ? 6 heures, 6 h 30, 7 heures ? La lumière est éblouissante derrière ses paupières closes. Tiens, un oiseau s'est posé sur le velux, on entend ses pattes en fil de fer qui piétinent sur le carreau. Encore trente secondes et il ouvre les yeux, 27, 26, 25, Michel parie sur la couleur du ciel, 19, 18, 17, un mélange de bleu de France, 15, 14, 13, avec une touche de bleu charron. Il profite un dernier instant de la chaleur des draps puis, 3, 2, 1, entrouvre les paupières. Non, le jour est moins étourdissant qu'il ne lui semblait. Plutôt bleu barbeau, et bizarrement moucheté. Il cligne des paupières, les mouches s'éloignent. Un oiseau en effet est posté sur le velux, une pie dont on voit le ventre blanc et les pattes tremblotantes. Que guette-t-elle dans l'air matinal ? Et voilà les mouches qui reviennent dans l'œil droit !

Michel sort du lit, descend le petit escalier et traverse le salon, droit sur la machine à café. Il a peu dormi. Trop peu ? Cela expliquerait-il le bourdonnement noir dans sa pupille ? Les premières gorgées produisent leur effet magique et chassent les corps étrangers qui gravitent dans son œil. Il sirote sa tasse et scrute ses succulentes. L'*Adenium obesum* va de mal en pis, malgré le drainage de la semaine dernière. Nom de Dieu ! Retour de la suie dans l'œil droit !

Allô, Bennie ? Pardon de te déranger au travail, tu peux me rendre un service ? J'ai un problème à l'œil. Des trucs qui volent. D'abord c'était des mouches et là ça ressemble à des corps flottants, sombres, qui traversent le paysage. Je n'arrive pas à trouver le numéro de l'ophtalmo dans mon carnet, tu peux m'avoir un rendez-vous rapidos sur Internet ?

Il sort prendre l'air en attendant. Mais dans la rue c'est pire. Quand il tourne après la bonne boulangerie, le ciel lui envoie un éclair lumineux, puis un autre quelques pas plus loin, au coin de la rue Montcalm, suivi d'une saccade d'étincelles. Tant et si bien que ses jambes se raidissent sous les assauts. Il se résout à rebrousser chemin, mais le sol grésille et il doit se tenir aux immeubles pour regagner l'appartement.

Là-haut, à nouveau le cataclysme s'apaise et tout semble rentrer dans l'ordre. Bennie a trouvé une consultation pour demain. Magda appelle. Elle fait rissoler des courgettes, on entend l'huile qui crépite dans le téléphone. Michel tait ses mésaventures matinales et, à la place, préfère parler des cucurbitacées, qui lui rappellent Brest, la guerre et les topinambours pleins de flotte qui composaient l'essentiel des repas familiaux. Mais tu n'as pas connu ça, my love, à Paris c'était chewing-gums et Cocas pour tout le monde.

Tu veux rire ? Le Coca c'était l'or brun. On avait la carte de pain à la maison et les tickets jaune vif pour la viande, même après la Libération. Ça ressemblait à des tickets de manège, avec cette devise que ma mère nous lisait sentencieusement : *Supprimez de vos repas ce qui constitue le superflu.* Tu te souviens ? Tu viens toujours ce soir, mon essentiel ?

Après le déjeuner les flashs reviennent. Il ferme l'œil endolori, demeure dans le noir pendant de longues minutes, et lorsqu'il lève avec précaution la paupière, la lumière a grignoté tout le centre de l'image. Il ne reste plus que les bords baignés dans un halo éblouissant. La sensation est si violente qu'il doit fermer l'autre œil aussi.

« Dans un cas comme le vôtre, la première chose, c'est de reboucher la lésion. Le décollement de la rétine était bien avancé, on a dû intervenir en interne, directement dans l'œil, en y introduisant une bulle de gaz qui fait contention sur la rétine et l'oblige à se recoller. Vous voyez la bulle, monsieur ?

— Papou, tu vois une bulle ?

— Ne vous inquiétez pas, elle va s'estomper progressivement. »

L'ophtalmologue en blouse blanche est jeune et nerveux. Il parle vite. Bennie demande combien de temps. On ne peut pas savoir, on ne commande pas le corps humain. D'ici un mois, ça devrait déjà aller mieux, deux maximum… Il faut être patient, prendre du repos, laisser la membrane se régénérer.

Un mois ! Je ne vais pas passer un mois dans le schwarz ! Je suis peintre, docteur. Déjà que j'ai perdu les trois quarts de l'œil gauche avec cette putain de DMLA, je ne peux pas rester un mois sans rien faire, sans rien peindre.

Le spécialiste lui colle une coque de plastique ajouré sur l'œil droit. Le mieux c'est que vous gardiez aussi l'autre œil fermé, pendant les premiers jours en tout cas, pour ne pas déséquilibrer le travail oculaire.

Plongé dans le noir immense, Michel se lève, se tient à Bennie pour garder l'équilibre. Ils cherchent la sortie, suivent le labyrinthe des urgences, se perdent dans un couloir en linoléum où des internes penchés sur un téléphone contemplent une jeune Allemande peu vêtue dansant dans une salle de bains luxueuse ; 28 000 personnes ont aimé cette vidéo. Les apprentis ophtalmologues sont peut-être du lot. C'est ce que disent en tout cas ces regards écarquillés et ces bouches qui s'entrouvrent quand les mouvements de la rousse extravertie se font plus saccadés.

Michel marche à petits pas glissants sur le sol, s'agrippe. Il était con ce médecin, non ? On peut diriger un service à son âge ? Je ne vais pas rester borgne tout un mois !

A-t-il entendu la suite du diagnostic, établi à voix basse ? À quatre-vingt-quatre ans, on ne peut pas faire de miracle, la rétine aussi vieillit.

7 h 55. Avec ces radiateurs qui déconnent complètement et les réveillent au milieu de la nuit, Aurélien n'a jamais été aussi matinal au travail. Quand il ne parvient pas à se rendormir, il marche jusqu'au Quai d'Orsay et profite du silence qui règne dans les bureaux. Qui d'autre à cette heure-ci se soucierait des Français en péril à l'étranger ? Pas le directeur de la cellule de crise en tout cas, qui passe la semaine en Sologne.

D'autres privilégient des destinations plus exotiques. Les goûts et les couleurs… Ça te viendrait à l'esprit, toi, de partir en lune de miel en République démocratique du Congo et d'y faire l'ascension d'un volcan en zone rouge ?! Vingt-deux appels des familles depuis hier.

Peut-être sont-ils tombés dans le cratère ? suggère Bérénice. Ce n'est pas l'avis du directeur de la cellule de crise, qui, depuis Nouan-le-Fuzelier, s'étonne au retour de la chasse à courre qu'on n'ait pas déjà sollicité la Monusco. C'est compter sans les doléances du référent ONU : Hors de question de déranger les Casques bleus chaque fois qu'un ressortissant français perd son GPS.

Chacun son job : nous les massacres, vous les disparitions et les prises d'otages.

*

Je vais prendre ces lithops violettes, s'il vous plaît. C'est pour offrir. La boutique ne désemplit pas à l'heure du déjeuner, mais le patron, pourtant, prend son temps, reçoit chaque client avec prévenance, raconte le nom ou l'histoire des plantes, prodigue moult conseils d'entretien. Quand c'est le tour de Bérénice et que le fleuriste ouvre la serre aux succulentes, une statue grecque miniature, bleu électrique, en fibres de nylon floquées, sans bras ni tête, prend son élan depuis l'étagère, s'apprête à voler vers elle pour la saluer.

« C'est pour le grand monsieur aux doigts tordus ? devine le maître des lieux. C'est votre grand-père ?

— C'est mon père. »

Jamais on ne lui posait la question avant ; Michel paraissait si jeune, à peine quelques années de plus que les autres pères fourbus par la répétition des jours. Mais discrètement, insidieusement, la nuit éternelle presse l'allure, gagne du terrain et Michel, à domicile et dans l'obscurité, perd son avance.

*

14 h 30. Aurélien obtient enfin l'ouverture d'une cellule de crise et part déjeuner au Drop, un café suranné à quelques rues du ministère où il peut s'isoler et s'adonner à une nouvelle habitude, commune et délicieuse.

Quelqu'un occupe sa place attitrée, une vieille dame

soignée, gantée de mitaines en cuir, qui se chauffe au soleil, adossée contre la vitre. Face à elle, sur la petite table de marbre cerclée d'acier, un Martini Dry qu'elle ne semble pas avoir entamé. À la vue de cette femme solitaire et du cocktail trop familier, le cœur d'Aurélien se serre. Il va s'installer de l'autre côté du bar, déglutit pour faire descendre l'envie de pleurer qui s'est agrippée à sa gorge, et tente de chasser l'image de la nonna perdue au milieu des vaguelettes de soie mauve. Si elle avait su qu'il deviendrait non pas Romain Gary, mais baby-sitter d'urgence pour ressortissants français décérébrés. Certains jouent les Indiana Jones, partent en vacances en zone de guerre, gravissent des volcans ; lui répare les dégâts et achète un trois-pièces.

Pour tromper la mélancolie et le manque de sommeil – on ne pourrait pas plaider le vice caché à cause des radiateurs qui déraillent en pleine nuit ? –, pour déjouer les pièges de la vie morne et mate, Aurélien allume son téléphone et plonge dans un monde meilleur, léger et coloré. Aux images d'Épinal dont rêvait pour lui la nonna, il substitue de nouveaux clichés vibrants et surexposés. À défaut de les vivre ou de les écrire, il veut qu'on lui raconte des histoires, des histoires d'aujourd'hui, même si elles sont courtes, rectangulaires et portent le nom de stories. Son nouveau livre d'images, soumis à son index, tient dans une paume ; l'ailleurs à portée de main. Car s'il suit, depuis un profil vide de toute photo, les comptes de médias fiables et de taciturnes connaissances, ce qu'il aime avant tout, c'est l'inavouable altérité, les images de celles et ceux qui n'ont pas froid aux yeux, pas froid tout court, comme en témoigne leur silhouette peu vêtue d'éternels vacanciers. Dans ces carrés filtrés, les gens sont plus heureux. Il n'y a qu'à voir cette rousse espiègle – allemande ? – qui parcourt le monde en bikini pour le triple du salaire d'un haut fonctionnaire. Veut-il suivre la jeune aventurière qui se filme à l'arrière d'un Hummer sillonnant le désert dubaïote ? Oui ! Et pour ce qui est de la honte, les délices coupables ne sont-elles pas les meilleures ?

*

« L'adorateur d'Yves Klein te salue.

— Qui ?

— Ton fleuriste. Je t'ai apporté des lithops violettes. »

Un soupçon de joie pure déplie un instant le visage de Michel, qui montre ses dents et émet un cri de chouette avant que l'inquiétude ne le rattrape : comment pourra-t-il s'en occuper avec cette putain de bulle dans l'œil ?

Je m'en chargerai. Mais viens, je te montre d'abord la béquille. J'ai choisi un modèle à coudière molletonnée ; essaie pour voir si c'est la bonne hauteur.

Les yeux sont tout, maîtres du ravissement esthétique mais garants aussi de notre équilibre, essayez un peu de marcher droit les yeux fermés. Grâce à sa nouvelle canne d'appoint, Michel se dirige seul vers la table à succulentes, puis, l'inspection ne donnant rien de concluant – putain de bulle –, il regagne sa chambre seul et presque sans encombre, tandis que Bérénice range les courses.

Le haut du frigidaire est rempli d'une dizaine de yaourts verts. Tu ne manges pas les Activia que je t'achète ? Silence. Tu sais qu'on ne peut plus ouvrir un seul tiroir du congélateur ? La faute aux boîtes Picard mal rangées qui bloquent la fermeture et provoquent le gel de toute la glacière. Mais Michel, là-haut, n'entend rien et Bérénice s'escrime au couteau sur les coulures de glace. Elle détache le givre par à-coups vengeurs et pleure sur la finitude des pères. À quoi sert cette fameuse Magda si elle le laisse s'empoisonner avec des quiches lorraines trois fois recongelées ?

Il faut que tu viennes nous rendre visite, Daphné, l'appartement est extraordinaire ! Le système de chauffage, calamiteux. Au contraire, il fait 29 degrés, on meurt de chaud ! Parce que tu ne peux rien régler évidemment, ni baisser ni éteindre. Une stupidité d'éco-chaudière à gaz, avec recaptage partiel de je ne sais quoi, on vit les fenêtres ouvertes, et surtout, on ne dort plus. Passé 20 heures, les radiateurs se mettent à claquer comme un concert de mitrailles. Je bataille avec la copro pour qu'on puisse se déraccorder de ce système cauchemardesque, ou au moins l'arrêter. Mais la vie fait bien les choses car on est très peu à l'appartement, on ne s'est jamais aussi peu vus depuis qu'on habite ensemble : Aurélien passe sa vie au travail et moi chez mon père. Lentement, très lentement. Ça lui pèse beaucoup d'être devenu dépendant. Mais il ne se plaint pas, et c'est pire évidemment. Il s'est mis à écouter en boucle une chanson de Bob Dylan, *Forever young*, à te fendre le cœur. Si seulement c'était possible, s'il pouvait ne jamais vieillir, ni mourir, s'il pouvait rester forever young.

Sinon, j'ai sauté le pas. Pour la congélation d'ovocytes. À Bruxelles, c'est plus cher mais plus rapide. Comme pour une vraie FIV sauf qu'à la fin tu n'as rien. Enfin si, mais au congélateur. Anesthésie générale je crois, un pré-accouchement sans peine ni douleur. Il faut le faire au minimum deux fois pour avoir un bon nombre d'œufs, idéalement trois ou quatre même. Mais parce que je ne vais pas lui faire un enfant dans le dos ! C'est insensé, ça, même les infirmières de la clinique me conseillent de lui forcer la main. Un jour il en voudra, quand il s'épanouira au travail, qu'il aura écrit son roman, quand on arrivera à dormir dans notre appartement. Avec mes œufs congelés, je ne suis plus pressée. De toute façon, même si j'essayais, je n'y arriverais pas ; Aurélien se protège scrupuleusement de toute potentielle progéniture, au point que ma surfécondité passagère nous a fait basculer dans l'abstinence totale. Ma simple nudité lui fait faire des cauchemars de triplés. Et je ne te parle pas des piqûres qui le terrifient. Tu ne savais pas ? Il a la phobie des aiguilles, depuis toujours. Il fait de son mieux, tente de me soutenir tant bien que mal, mais en réalité il est pétrifié dès que j'ouvre le bac du frigidaire où je stocke les doses et les seringues. Alors je me cache dans la salle de bains pour les injections. Non, bizarre, mais pas douloureux. En revanche, ça laisse d'énormes bleus sur le ventre. Ça va. Je te jure, ça va. Il n'y a que les hormones qui me perturbent. Je suis à fleur de peau, je pleure pour un rien. Entre mon père, les claquements de radiateurs et les réjouissances habituelles au travail, je dois déverser un bon litre d'eau salée par jour. C'est normal, paraît-il, c'est la stimulation hormonale, même la page Instagram de ta collègue le dit. Bien sûr que j'ai regardé, j'ai même réactivé mon compte pour la suivre. Me voilà donc fertile et connectée.

Michel, Micha, Michinka, Micky, Mika, Misi, Misa, archange aveugle et athée, officiellement rétif aux diminutifs. À mon âge, il faut veiller à sa respectabilité, devise en souriant l'octogénaire que sa fille n'appelle que papou.

Laisse-moi te rendre visite, Micha. Depuis quand l'amour s'accorde-t-il aux degrés de dioptrie ? Elle lui lira des livres, s'occupera de ses cactus, lui tiendra compagnie, les gouttes dans l'œil aussi, elle peut le faire. Mais Michel, inflexible, refuse qu'elle le voie frileux et tâtonnant, incapable encore de marcher seul ou de se débrouiller dans l'appartement. Patience, my love. Ce n'est plus qu'une question de jours, une semaine ou deux. Dès qu'il pourra marcher seul, il viendra contempler son grand front sage et pensif, ses yeux intimidants, ses cheveux de neige. Patience my love, my last love.

Afin de tromper l'attente, Magda allume la télévision. Elle se laisse fondre dans le fauteuil, amollie par le soleil d'après-midi. Pour son dernier anniversaire, ses frères lui ont offert un bouquet, hertzien, et Magda a vite abandonné ses a priori. C'est pas si mal, finalement. Surtout les reportages nature & géographie. Ça me permet de voyager, au moins en pensée. Souvent, elle coupe le son, regarde juste les images. Un flot de génisses rousses, justement, apparaît à l'écran. Elles arpentent une étendue vallonnée, infinie, d'herbe grasse et savoureuse. Magda, cette fois, hausse le volume. Le doubleur français explique : « Au XIXe siècle, la production de lait et de viande des Simmental était si appréciée que la Suisse les exporta vers le sud de l'Allemagne, l'Autriche, et jusqu'en Russie. À présent, c'est dans l'Oberland bernois qu'on trouve ces élevages de race pure qui font la fierté de la région. » Les images suivantes, filmées à dos d'oiseau, transportent Magda loin du nord parisien, à quelques heures de train, où somnole un paradis mésestimé, une nature prospère et indifférente : la Suisse d'aujourd'hui, toute pareille à la Suisse d'hier, pays fidèle à son fantasme, avec, en partant du haut : neige légère et élégante, air pur et vivifiant, flancs de montagne semés de vaches, de pensées, de gentianes et de bleuets, chalets de bois, villes propres et soignées, sobres et confortables, et enfin lézardes bleues sur la carte du pays, des lacs, plein de lacs.

Magda se ranime, rappelle Michel :

Tu es déjà allé en Suisse ?

Objet : Soleil scandinave 15 h 23

De : berenice.lescure@gmail.com
À : aurelien.viotti@gmail.com

Je prends rdv avec Krystel ?

> krystel@izi-by-edf-renov.fr a écrit :
>
> Faites confiance à la puissance de la nature pour réduire votre facture.
>
> Venu tout droit des pays scandinaves, le **chauffage à plafond rayonnant** fait entrer chez vous la chaleur du soleil. Encastré dans un faux plafond, ce système vous assure discrétion et gain de place. Dites adieu aux radiateurs disgracieux qui encombrent vos murs !
> PRP*, PRM** ou PRH***, nos chauffagistes-conseils vous aideront à choisir la solution adaptée à vos besoins (plaquette en pièce jointe). Je me tiens à votre disposition pour convenir d'un premier rendez-vous.
> À bientôt ☺
>
> Krystel Dubreuil, conseillère énergétique.
>
> * plafond rayonnant plâtre
> ** plafond rayonnant modulaire
> *** plafond rayonnant hydraulique

Bennie, tu pourrais me commander deux trois trucs sur mon compte Amazon ?

Il est bien obligé de solliciter sa fille, maintenant que les deux yeux sont mangés.

- Petit spalter en soie blanche de Chine ;
- Liant pour tempera à l'œuf ;
- Dans les pigments japonais : malachite extra-calcinée 742 et terre verte épidote 749 ;
- Spatule RGM, taille moyenne ;
- Carte topographique de la Suisse (marque IGN) ;
- Alcool polyvinylique, 500 ml.

« Mais c'est beaucoup trop tôt pour te remettre aux mixtures colorées ! Et il ne te reste plus d'alcool polyvinylique ? Qu'est-ce que tu en fais, tu le bois ?

— J'anticipe la reprise.

— Et une carte topographique ?

— C'est pour Magda. En vue d'une cure thermale cet automne. Avec sa nièce.

— Tu ne m'avais pas dit qu'elle était brouillée avec sa famille ?

— Ah bon ? Je ne sais plus… peut-être… »

Je suis encore au bureau, à cause de ces foutus otages. Les rançonneurs demandent 2 millions ; aucune chance que l'État français débourse cette somme pour un couple d'intrépides inconnus. Il travaillera tard ce soir en tout cas, qu'elle ne l'attende pas.

Alors Bérénice s'attarde rue Ordener et ne rentre à l'appartement que vers minuit pour se glisser dans le lit vide. Une heure plus tard, les radiateurs de la chambre claquent à tout rompre et Aurélien n'est toujours pas là.

En suivant la Seine dans le sens du courant, à quelques arrondissements de là, on le retrouve assoupi sur son bureau, téléphone à la main, abruti de travail, béat de lumière bleue. Dans l'interface colorée, Heidi poursuit ses aventures à Saint-Barth. La voilà qui, malgré sa carnation laiteuse, défie le soleil en chien tête en bas, tête renversée, chevelure embrasée par les rayons caribéens et léchant le sable en flammèches cuivrées. On devine un téton qui s'échappe du triangle en polyamide, la faute à la gravité. L'algorithme de censure, pudique mais pas pudibond, n'y a vu que du feu. Aurélien en revanche en garde la trace sur sa rétine. #stbarth #yoga #happiness #islandgirl #palmtree #paradise #heaven. Au revers de ses paupières trop lourdes s'impriment des parasols de plage, des noix de coco, des jet skis et des robes pailletées qui s'entremêlent en un kaléidoscope éblouissant. Aurélien rêve d'exotisme et de filles à facettes, puis d'une rousse encastrée dans le plafond, coincée dans le système de chauffage rayonnant. Omnisciente, suspendue audessus de lui, elle chevauche un tuyau calorifère, meut sa croupe en gracieux va-et-vient. Heidi frémit, la cadence s'accélère, elle va se retourner, le liquide caloporteur éclaboussera dans un instant son corps tendu de luxure, Aurélien cligne des cils, s'abandonne bientôt, quand le tintement d'un email urgent et prioritaire le réveille. En un sursaut, il ajuste ses lunettes pour diluer le brouillard qui a envahi la pièce et se remet au travail. Il frissonne. De froid, de sommeil, et du vide creusé en lui par la vie adulte.

Magda, my love, comment vas-tu ? Au tour de Michel, maintenant, de s'inquiéter. C'est qu'entre-temps, Magda a attrapé la grippe, l'influenza, celle qui tue les vieux, ou, a minima, les cloue au lit sept jours durant, comme c'est le cas pour Magda qui s'est débrouillée pour attraper le virus en plein printemps. Les malheurs, toujours, viennent en chapelet, et Michel, incapable encore de mettre un pied devant l'autre sans se casser la gueule, trépigne à domicile. Tu me manques, my love. Tu sais que je me suis fait engueuler ? J'ai eu le malheur de dire à Bennie que tu étais malade… Elle a immédiatement appelé mon médecin traitant pour m'administrer le vaccin. Mais trop tard au mois d'avril, paraît-il.

L'avantage quand on n'a pas d'enfants, c'est qu'on peut mourir tranquille, pense Magda. Alors ? Quand se reverront-ils ? Demain ? Après-demain ? La grande séparation a assez duré. Car à leur âge le temps est précieux. Une Française vit 31 000 jours en moyenne, 31 000 billes de vie dont on vous dote à la naissance. Les 6 500 premières, celles de l'enfance, de l'adolescence, ne comptent pas ; on vous les prend sans même que vous ayez votre mot à dire. Certains disent que ce sont les plus belles, mais Magda demande à voir : des mini-billes que les autres jouent pour vous, qu'on perd bêtement dans des parties inéquitables. Puis, une fois libre et majeur, voilà qu'il faut puiser dans le sac de pleines poignées de verre et d'agate, les faire rouler, s'entrechoquer, cliqueter, pour rien, pour l'argent, la vie matérielle, assurer le quotidien, sans connaître ou comprendre les règles de ce nouveau jeu. Lorsque, enfin, vous commencez à vous faire les dents, à maîtriser quelques coups et percer enfin à jour les stratagèmes des autres joueurs, il est tard déjà, et c'est fanée que vous vous engagez dans la dernière manche, avec un bien maigre butin. Heureusement, on distingue mieux alors les calots de bonheur. Et voilà qu'on veut vous les prendre ? Que des 3 600 billes restantes, les rétines qui se décollent, les grippes hors saison, et le monde hostile vous réclament les plus rares ? Pas les petites grisâtres en acier, mais les plus belles, les plus grosses, les grandes translucides, traversées de volutes colorées ? C'est dégueulasse. On voudrait pouvoir blâmer quelqu'un, rendez-moi le temps volé, le temps précieux. Elle voudrait partir en vacances, contempler de verts pâturages, des vaches à clochette, fuir vers une nature où les humains et les virus les laisseront tranquilles.

Patience, my love, le temps est un mirage. Dixit l'Italien des podcasts que Michel écoute à longueur de journée maintenant qu'il ne peut plus ni peindre ni jardiner. Bennie lui a commandé une tablette avec écran géant pour qu'il puisse repérer les icônes malgré la rétine déchirée. Pour l'appli de la radio, tu cliques sur le gros carré bleu, là. Un clic, papou, pas trois. Doucement. Attends, regarde, avec la pulpe de l'index, comme ça, juste une légère pression. Légère ! C'est tactile, c'est très sensible. Encore… voilà. Ensuite, tu choisis l'émission que tu veux parmi les autres carrés, là ; il y a des trucs sur la science, la philosophie, l'économie, il y a tout. Non, quand tu veux, c'est des podcasts. Des podcasts. C'est-à-dire que c'est pas du direct, c'est enregistré.

En tapotant à l'aveuglette, Michel est tombé sur une émission scientifique, puis sous le charme d'un astrophysicien interviewé dans l'un des carrés colorés. Un type génial, un Italien trop sympa qui parle de boucles, de trous noirs, et affirme que le temps et l'espace ne sont qu'une agglomération de granules. Les heures, les minutes, les secondes : rien que des granules agglutinés qui ondulent à longueur de journée… Tu devrais écouter ce type, c'est passionnant. Tu as les podcasts chez toi aussi ? Tu m'entends, my love ?

De loin. La fièvre, qui a réduit son corps en capilotade, a aussi encotonné ses oreilles. Magda s'est installée dans l'angle gauche de la pièce, dans le fauteuil depuis lequel elle aperçoit un bout de canal à travers les fenêtres. Elle observe les Parisiens qui se massent sur les quais, les couples qui déambulent, les habitants du quartier qui promènent leur chien, et la jeunesse, encouragée par la bière et le printemps, qui parle haut et fort, arrogante comme le ciel qui se fiche des vieux et de la vie qui flétrit. Des granules de jours peut-être, mais fondus, et en bouillie, alors que pendant ce temps, dehors, on organise sans eux un gigantesque tournoi de billes.

Quand je te dis des granules, je te parle de tout petits granules, hein, minuscules, puissance 10^{-33}, invisibles à l'œil nu. Même si, moi, parfois, avec mon œil à bulle maintenant, je crois que je distingue les interstices. Tu devrais écouter cet Italien. Quand on y pense, quatre-vingt-quatre ans, en granules c'est moins déprimant.

Quand il le peut, Aurélien rentre à pied ; la marche est maintenant sa plus grande liberté. Bennie est chez son père, il en profitera ce soir pour travailler depuis la maison. Il longe la Seine jusqu'à leur immeuble écoresponsable fait de bois, de panneaux métalliques en moucharabieh et de tuyaux tonitruants. Bel appartement, si ce n'est ce problème de chauffage. Un judicieux investissement en tout cas. Mais ce qu'on gagne en affaires, on le perd en fraîcheur… Réticence d'aristocrate, avait répliqué Bérénice, emportant le point sur critères sociaux. Voilà, c'est chez nous !

Chez eux, donc, c'est vaste, beau, sobre et ordonné. Sur le mur face au canapé, à la place habituelle de la télévision, est accroché un grand format de Michel, une nature morte, un bol en grès empli d'une poudre verte qui déborde, des pigments pétrifiés au lieu de pixels animés. Tout le mur adjacent est une baie vitrée qui change de couleur selon l'humeur et permet d'observer le fleuve parisien, bleu-gris par défaut les jours de routine, mais teinté parfois de vert militaire, de jaune blé ou rouille lorsque le soleil brille ou que le vent s'agite.

Pour s'approprier les lieux, Aurélien fabrique du chaos. Il travaille mieux dans le désordre. Il étale ses papiers sur la table basse, y pose de petites tasses de café qu'il ne boit pas, lance sa cravate sur le dossier arrondi du fauteuil. Ses deux ordinateurs, ses deux téléphones et leurs chargeurs affiliés sont reliés aux prises par des ruisseaux de câbles qui inondent le tapis. Il clapote sur ses claviers, transpire, retire sa chemise, ses chaussures, ouvre grand la baie vitrée – on crève de chaud ! Il a rassemblé tous les coussins de la maison et s'est posté dans le canapé, il est un nabab, un pacha, noyé sous les notes diplomatiques et les coussins de velours. À 22 h 34, il clique sur « envoyer » avec un rebond de l'index plein de superbe, fait partir la note, claque ensuite le capot de l'ordinateur, envoie valdinguer les coussins par-dessus bord et se dirige vers la cuisine. Aurélien a faim. Il sort du frigidaire deux paquets de saumon fumé, éventre le sachet de pain, balance l'entame, fourre les tranches dans le grille-pain, arrosant au passage le plan de travail de multicéréales, et se confectionne un club sandwich à quatre étages, badigeonné de St Môret, arrosé de crème fraîche et de saumon fumé.

*

Demain, pour la première fois depuis un mois, Bennie laissera son père se débrouiller seul. Tu es sûr que ça va aller ? Elle lui fait ses recommandations : les yaourts au premier étage du frigidaire, les tupperwares au deuxième et pour le café, rien à faire, tu te souviens ? Il coule tout seul à 6 h 30 et t'attend au chaud. Michel n'en revient pas, s'extasie devant le mode programmation automatique de cette cafetière qu'il fréquente pourtant depuis des années. Il tente à tout hasard une dernière négociation : elle ne pourrait pas l'emmener en voiture chez Magda ? Non, papou, pas tant qu'elle n'est pas complètement remise, il ne va pas maintenant attraper la grippe de surcroît !

Lorsque un peu plus tard, après avoir effacé les reliefs du dîner, Bérénice monte dans la chambre de son père, Michel est assis au bord du lit, courbé sur sa montre, et soliloque face au cadran. Il se tient fermement le poignet, de façon à presque coller le verre contre l'œil droit. L'ophtalmologue a recommandé d'utiliser les chiffres des heures comme repère visuel, afin de mieux mesurer l'amélioration de la vision. Alors il traque les aiguilles, guette la course du temps. Si je me plie bien, comme ça, tête parallèle au sol, la bulle remonte. Là je peux presque complètement distinguer le 6 du bas. Bérénice pose sur la table de chevet tout ce dont il a besoin pour la nuit et s'apprête à quitter la pièce quand son père prend doucement son poignet au passage, l'interrompt dans son va-et-vient affairé : Merci beaucoup, Bennie. Elle bredouille une phrase incompréhensible, détourne le regard, humide déjà, et, le cœur écrabouillé, redescend se coucher dans son ancienne chambre qui sent l'huile d'œillette et la résine de térébenthine. 22 heures, l'alarme sonne, c'est l'heure de la piqûre.

Gavée de LH et de FSH, tendue de fertilité inutile, Bérénice se glisse sous la couverture et fixe le chamois de son enfance qui l'observe depuis le mur d'en face. Est-ce de la désapprobation ou une lueur de pitié qu'elle perçoit dans ses grands yeux ovales ? Elle éteint la lumière pour ne pas avoir à trancher. Malgré le calme de l'appartement et l'absence de radiateurs endiablés, le sommeil ne vient pas.

*

Nice ? Pardon, je te réveille ? Ça va ? Et ton père ? Tu connais la dernière de notre couple d'otages ? Tu veux vraiment parler de chauffage par plafonds rayonnants à 22 h 45 ? D'accord, je regarde ce soir. Promis. Je te laisse te rendormir. Dors bien, Nice, profite du silence.

Comme par ironie, les radiateurs s'éveillent et lancent de joyeux claquements, secs et métalliques. Déchu, esseulé, le pacha n'a plus faim. Il repousse sur la table basse l'assiette blanche où traîne une charpie orange et luisante.

Puis il saisit son téléphone et parcourt ses photos à la recherche de son meilleur profil. Celle-ci est bien mais on voit les cheveux de Bérénice penchée sur son épaule. Ou celle-là, prise en vacances, sur laquelle il porte un chapeau de paille et un sourire d'enfant ? Il lui semble que c'était il y a mille ans. Ont-ils ri depuis cet été ? Il balaie la question du doigt : plutôt celle-là, où l'on voit sur un écran quelques diplomates rangés derrière une pancarte au nom de leur pays, des verres en forme de goutte, des bouteilles d'eau individuelles, des micros qui hérissent la table, tendus comme de petites antennes folles, et Aurélien en gros plan, saisi par la caméra au moment d'une prise de parole décisive. Il a recadré l'image pour qu'on ne distingue pas le reste de l'hémicycle, dissipé, qui discute et regarde ailleurs. #frenchdiplomat. Là, c'est bien. Son regard bleu, pénétrant, et sa bouche qui harangue le monde évoquent les hautes sphères internationales. Les radiateurs, semble-t-il, approuvent ce choix, et un fracas de claquements envahit soudain la pièce pour célébrer l'entrée officielle d'Aurélien sur les réseaux.

Demain ! Demain Michel rejoindra Magda. Ils profiteront ensemble du printemps précoce, boiront la tendre brise des rues parisiennes, peut-être même mangeront-ils quelques frais bourgeons du petit parc derrière l'église, en prélude au grand départ.

Un post, une photo, une seule, une poignée de followers, mais… Heidi répond. Less is more !

Depuis ils échangent des banalités, en anglais, dans cette langue internationale qu'Aurélien n'aime pas, langue de l'utilité, aux mots neutres et incolores qui servent à faire bien plus qu'à dire. Heidi est excusée cependant, elle n'est pas femme de verbe mais d'images, virtuose non de la syntaxe, mais des couleurs, des filtres et des fantasmes. Elle lui adresse des selfies incandescents, lui jette des éclats de cuivre, la pagaille matinale de ses cheveux caressant son dos nu, donne en pâture son visage lacté, gamine vicieuse aux joues replètes, précipite le diplomate fébrile et privé de sommeil dans une transe aux teintes saturées.

Michel a reçu les paquets en carton. Gloire à la tribu des Amazones livreuses d'alcool polyvinylique et de cartes topographiques ! Derrière sa rétine, la bulle a bien diminué. En rentrant la tête, menton collé contre le cou, elle s'estompe plus encore et dévoile les contours diffus d'un monde en coton. En tâtonnant, il fourre dans son grand sac la carte IGN, deux bouteilles de vin, une boîte Picard de canapés traiteur, sa nouvelle tablette, dont il compte faire présent à Magda pour qu'elle découvre les podcasts, et quitte seul l'appartement. La première fois depuis… quand déjà ? Une éternité.

La porte claque. Fébrile, il s'arrête un instant sur le palier, mais trouve après quelques essais le bouton de la lumière, puis celui de l'ascenseur et, dans la cabine d'acier, soupire. Quelqu'un vient de couper, d'un coup de ciseaux, le filet invisible qui le retenait à domicile. Il traverse le hall, agrippé de la main droite à la béquille, tandis que de la gauche, doigts écartés, il forme des mouvements de brasse, distend l'air devant lui afin de le fendre plus facilement. Il pousse enfin de l'épaule la lourde porte cochère, et, rendu à l'air libre, attend le taxi dans la rue Ordener, sous la floraison des frênes et des pommiers chinois. La brise tiède et vespérale se saisit du vieil homme, l'enveloppe, l'enrubanne, l'air effleure ses lobes d'oreilles, il en rirait presque. C'est le printemps retrouvé, la griserie de se sentir vivant, encore, malgré le corps déloyal.

Magda ajuste les derniers détails, met de la musique, cette chanson de Françoise Hardy qu'elle aime bien. *Le premier bonheur du jour, c'est un ruban de soleil, qui s'enroule sur ta main, et caresse mon épaule.* Magda s'estime chanceuse de ne pas être Françoise Hardy. Les années qui passent doivent être plus rudes encore pour l'ancienne icône des jeunes et de la mélancolie. Interdiction de sourire, interdiction de vieillir. Souvent Magda joue à ce petit jeu de l'empathie, « heureusement que je ne suis pas » : présidente (les moqueries des Français, le poids écrasant des responsabilités), pianiste concertiste internationale (entrer seule sur scène, totalement seule, radicalement seule devant 3 000, 5 000, 10 000 spectateurs, avec pour unique soutien un grand instrument froid ; rien que de les voir à la télé, ça la fait trembler), bouchère (les taches de sang sur la blouse blanche et l'odeur des viandes fatiguées), boulangère (se lever à 4 h du matin et ne plus aimer les croissants), millionnaire (l'ennui de la toute-puissance), cycliste (les amphét, la chaleur, le lycra), tétraplégique, avocate d'affaires, mannequin, cheffe étoilée, podologue, psychologue, urologue, texane, politicienne, conseillère UNEDIC. Quand je m'observe je me désole, quand je me compare je me console.

Elle chantonne avec Françoise Hardy, *Le premier chagrin du jour, c'est la porte qui se ferme, la voiture qui s'en va, le silence qui s'installe,* et recharge sa cigarette électronique de classique blond et graines de sésame toastées. *Mais bien vite tu reviens, et ma vie reprend son cours.* Pour la première fois, elle prête attention aux paroles et réalise que *Le premier bonheur du jour* est une chanson de femme au foyer. *Le dernier bonheur du jour, c'est la lampe qui s'éteint.* La mélodie d'un quotidien domestique éternellement recommencé, une chanson qui ne leur ressemble pas, ou ne leur ressemblera bientôt plus. Michel ne devrait pas tarder.

Le taxi se profile enfin rue Ordener, le chauffeur sort de la voiture et propose de tenir le sac, ou la béquille, ou les deux, tandis que Michel, accroché au rebord du toit et à l'appui-tête du siège avant, engouffre son torse dans l'habitacle. Assis, il lui faut encore saisir ses cuisses, les soulever du trottoir d'un coup sec et caler les longues jambes en diagonale derrière le siège du chauffeur. Quelques soupirs et bruits de glotte accompagnent l'effort, se mêlent aux grincements du siège en cuir, mais rapidement, on ne voit plus que quatre doigts ondulés cramponnés à la carrosserie, puis plus rien du tout. Un mois d'immobilité et le voilà déjà raidi… Mais enfin le taxi démarre et ils roulent, ils sont en route !

Elle a choisi une robe longue, noire et simple, en tissu synthétique mais chic, avec de gros boutons de nacre. À la dernière minute elle s'avise de déplacer le grand miroir posé contre le mur. Il sera mieux dans le fond de la pièce, reflétera le ciel, agrandira l'espace. Elle se colle au miroir pour le saisir le plus bas possible ; c'est plus lourd que prévu. Transportée par l'excitation, elle parvient quand même à le traîner à petits pas jusqu'à l'autre bout du salon, rayant allègrement le parquet, et quand elle le lâche, la robe noire est striée de poussière ; on ne voit plus que cette zébrure qui lui coupe le buste en deux. Le CD s'est arrêté et on entend son souffle qui fait un bruit de farine passée par le tamis des bronches. Grippe et bronchopneumopathie ne font pas bon ménage, il faudra qu'elle prenne rendez-vous quand ils seront de retour. Pour l'instant, un reste de poumon suffira, surtout purgé par l'air des montagnes. Contrairement à Doctissimo, qui relève qu'« un patient BPCO sur deux ne supporte pas l'altitude », Magda refuse de croire aux risques de la montagne.

Michel descend la vitre, se délecte de cette soirée de printemps et de la nuit qui ne tombe pas, qui ne tombe plus, retrouve le goût délicieux de la liberté. À cause du courant d'air, il n'entend rien aux questions du chauffeur, qui finit par rouler en silence. Bientôt, il le dépose devant le square reverdi et la minuscule église somnolente qui s'y cache. Michel rembobine la séquence de tout à l'heure pour s'extirper de la voiture, puis le chauffeur l'aide à passer les lanières du sac à dos, et une fois seul, harnaché, équipé, Michel retrouve les abords de la rue de Joinville. Les formes sont floues, bavent de tous côtés, mais le canal est à lui. Il répète son entrée à voix haute, longeant précautionneusement le quai, devinant sous ses tennis les pavés inégaux qui bordent le canal.

Celui-ci est un grand ruban couleur de jade aujourd'hui ; est-ce que ce sont ses yeux qui mentent ou bien l'eau qui verdit en prélude aux lacs où ils se baigneront bientôt ?

Dans l'embrasure de la porte, Magda est en contre-jour. Il distingue mal son visage, ne perçoit qu'une couronne de cheveux blancs allumée, piquée de chevillons qui frisottent vers le haut comme de minuscules fils d'ampoules. Elle lui saisit les mains, lui retire la béquille, le sac à dos, la veste, puis ils plongent dans l'étreinte. Un mois et demi, une éternité, my love. Torse contre torse. Sa chevelure sent le propre et l'aveugle plus encore. On entend leur cœur battre, couvrant la respiration de Magda. On n'entend plus que ça.

La sonnerie du téléphone extirpe Bérénice d'un lourd sommeil artificiel.

« Ça s'est bien passé, Nice ?

— Neuf œufs, récolte honorable. »

Aurélien la félicite d'une voix moins assurée que celle qu'on lui connaît.

« Je quitte la rue Ordener. Je pensais faire une visite à ton père, mais comme il ne répond pas je n'ai pas voulu le déranger. Je lui ai laissé un pack de Despé devant sa porte, j'espère que sa garde-malade en chef n'y trouve rien à redire.

— Tu as les pleins pouvoirs. S'il te rappelle, tu peux lui dire que mon séminaire bruxellois s'éternise et que je l'embrasse ? »

Elle se laisse couler dans le lit, dans ces draps fins d'hôpital qui lui rappellent les minces voiles que l'on place sur les plantes en hiver pour les protéger du froid et favoriser les floraisons à venir. Des voiles d'hibernage, se souvient-elle, il y en a dans le jardin chez Daphné. Ou d'hivernage. Elle voudrait se tourner sur le côté, mais son bas-ventre douloureux ralentit ses mouvements, tant pis, elle se rendort déjà, vide et fatiguée de ce faux accouchement. En fermant les paupières elle chasse à grandes gouttes l'eau qui s'y accumulait.

Ils n'ont pas débarrassé la table. La carte IGN, dépliée, forme une nappe de fortune, et sous les restes des canapés Picard se déploie la Suisse topographiée, faite d'aplats verdoyants, plantée de ronds ou de triangles – feuillus et conifères –, de montagnes grisées dont les petits points noirs menacent de dévaler les pentes en une superbe avalanche, de pointillés violets pour les itinéraires hors sentier, semée de pictogrammes en étoile – phare, feu, bateau-feu ou épave –, de points de vue bleu azur, d'églises, de chapelles, de calvaires, de dolmens, de menhirs, de cascades, de campings, d'aqueducs, de sémaphores, de cailloux ou cuvettes, dont Michel ne distingue qu'un tapis de jeu illisible, mais où Magda a repéré tout à l'heure les meilleures villes et les villages perdus dans les lacets colorés. On ira aux Diablerets ? Ou à la tour d'Aï ? Tu ne préfères pas la dent de Lys ou Bulle ? Ou bien Orbe ! C'est beau ça, Orbe.

D'ailleurs le reportage de ce soir a été tourné juste à côté. La région regorge de chamois. « Les hardes se composent de quatre à soixante animaux : des chèvres, des chevreaux, quelques jeunes, qu'on appelle éterlous – la voix traînante du narrateur appuie sur le "ou", creuse un tunnel dans la syllabe – et un ou deux mâles dominants. »

On ne soupçonne pas le nombre de reportages dédiés à la Suisse sur ce nouveau bouquet. Magda les regarde avec zèle. Ce soir cependant, à cause du vin blanc, elle s'est endormie devant la télévision, les jambes sur l'accoudoir du canapé, la tête sur les genoux de Michel. L'octogénaire, de sa paume chaude et gigantesque, lui caresse le front, descend le long des cheveux, ses doigts tordus s'emmêlant parfois dans la masse blanche, puis remontant pour accomplir mille fois, cent mille fois le même geste tendre.

À l'écran, de frêles éterlous au pelage ébouriffé se faufilent dans les fissures des coteaux. « Les chamois raffolent des crocus, des trèfles, des feuilles de groseillier sauvage, et des suintements de roches qu'ils lèchent au printemps pour satisfaire leur appétit de sels minéraux. » Une bête pelée s'avance lentement. « Les mâles peuvent parfois vivre au-delà de dix ans, mais rarement plus de quinze. Lorsque les signes de faiblesse se font trop prégnants, ils s'isolent du reste de la harde et passent leurs derniers jours à errer en altitude. » L'animal n'a plus qu'une corne, crochue, rebiquée vers l'arrière comme une antenne hors d'usage. Oh la licorne ! doivent se moquer les plus jeunes, les plus forts, paradant au milieu des femelles. À petits pas, le chamois fourbu enjambe lentement les pierres sur son passage, lève une à une ses pattes d'allumettes aux poils roussis, et poursuit son chemin, tête baissée. Puis il entreprend de gravir un flanc pierreux. La souplesse d'antan l'a quitté, son corps se déplie mollement, chaloupe, alors que ses pattes s'accrochent tant bien que mal à la roche.

À cette distance de l'écran, Michel distingue une bonne partie des images, il devine les contours du paysage montagneux, reconnaît la silhouette de l'animal et imagine le reste. Ce qui l'inquiète de plus en plus c'est la vision de près, qui ne s'améliore pas d'un iota, et même, semble se dégrader. La voix off le gêne, l'empêche de se concentrer. Il attrape la télécommande, doucement, sans réveiller Magda, mais se perd dans les boutons minuscules, change de chaîne par mégarde, augmente le son, et Magda bouge, se réveille, ouvre ses yeux gris de lin. Qu'est-ce qu'il y a, Micha ? Elle lui prend la télécommande, appuie sans hésiter sur les bons boutons, remet la chaîne des chamois, coupe le son comme il le désire et fait semblant de se rendormir. En vérité, elle tend l'oreille aux chuchotements de Michel dans la pièce silencieuse, tente de percer le mystère de son dialogue schizophrène. Puis, comme elle ne parvient pas à saisir un traître mot, elle renonce, se laisse doucement bercer par le murmure cabalistique et remercie le ciel pour tout ce bonheur inattendu, avant de sombrer pour de bon.

Le chamois unicorne trébuche, mais se rattrape et se campe dans le sol avec un sursaut de fierté, les vieilles cannes vaillantes à nouveau. Il ne capitule pas, pas encore. Et même, étrillé par une vigueur soudaine, il gravit le reste de la falaise en quelques enjambées. Il cabriole presque maintenant, comme s'il dansait, puis, parvenu au sommet, il se poste au bout de la corniche pour se chauffer, immobile, aux rayons du soleil. D'ici il voit tout : les cimes voisines, les lambeaux de neige éternelle, puis plus bas les pâtures appétissantes, les premiers crocus, pétales pelotonnés, corolles frigorifiées, et les humains minuscules, plus bas encore, qui s'aiment, s'agitent et se déchirent.

Le chamois de l'écran est devenu celui de la chambre de Bennie. On le voit avaler une dernière gorgée d'éther, se lécher les babines de sa petite langue noire, écarquiller ses yeux fatigués, puis lentement replier les pattes arrière et prendre son élan. Il se tend soudain comme un ressort, et voilà qu'il plonge dans le ciel à marée haute, sans point de chute, les pattes recroquevillées, comme pour dormir, comme Magda, bordée sous la couverture de lumière que l'écran silencieux projette sur son corps.

Figure-toi, Daphné, que la DG veut m'envoyer au Koweït ! Non, malheureuse, juste un mois ou deux. Pour rencontrer les clients du Golfe et améliorer nos relations avec la KOC. KOC, pas coque, Kuwait Oil Company. Dès que possible. Enfin, dès que mon père pourra se débrouiller seul.

Bien sûr, on parle de Kuwait City, d'une ville sans culture ni piétons, où il fait 55 degrés, mais enfin c'est l'étranger. Et pour une fois c'est elle qui part. Dieu sait pourtant qu'elle en a longtemps voulu à Daphné, ou plutôt à la mère de Daphné, de l'avoir poussée à apprendre l'arabe. Prise d'une tocade pour le folklore soufi, la gériatre-psychiatre avait insisté pour que sa fille choisisse arabe classique en LV2, embrigadant Bérénice d'un même élan, sans prévenir les collégiennes de la difficulté insensée de la graphie et de la grammaire, les sensibilisant trop tard à la beauté du geste consistant à étudier pendant huit ans une langue quasi morte, détrônée à l'oral par une multitude de dialectes dissemblables. Pour compenser, alors que les LV2 espagnol partaient en voyage scolaire se gaver de churros sous le soleil de Barcelone, les filles rôtissaient au bord de la piscine, dans le mas familial du Luberon, plus sécurisé que Kaboul ou Khartoum. Persistait pourtant chez Bérénice un léger grief, apaisé aujourd'hui par cette promotion.

Bien entendu, elle est terrifiée, car il faudra parler arabe, vraiment, rendre des comptes à Paris, développer ses propres deals, mater les coqs de la KOC, se faire les dents sur le gazole, le LPG, le courtage papier, travailler en somme, mais malgré tout, elle part !

Tu ne voulais pas démissionner ? Oui. Mais si on insiste pour l'augmenter et la faire voyager, elle peut bien prendre son mal en patience et sourire encore un peu aux consortiums du Golfe. Au moins là-bas je pourrai dormir tranquille. Je démissionnerai quand Aurélien recevra le prix Goncourt ou sera nommé ambassadeur au Tadjikistan. Passe à l'appartement avant mon départ, on a enfin fini la déco, tu verras, c'est surchauffé, bruyant, invivable, mais très beau. Ou viens dîner rue Ordener, comme avant, mon père me demande sans cesse de tes nouvelles. Mieux. Il recommence à faire des plans sur la comète, à parler de sa prochaine série d'huiles, à commander de nouveaux pigments improbables. La dernière fois il m'a même parlé d'un projet de road-trip en Suisse. À quatre-vingt-quatre ans ! Je lui ai évidemment interdit de prendre la voiture, de quitter le pays ou même Paris. Les vieux sont intenables.

Chaudière de Satan ! Ils commencent à manquer chroniquement de sommeil. Ce matin l'habituel concert calorifère les a tirés du lit à 5 heures, 5 heures, un dimanche. Aurélien en a profité pour se lever et travailler depuis le salon ; il y est encore. À travers la porte de la chambre, Bérénice entend sa voix professionnelle, expéditive. Elle, à plat ventre sur le lit, se traîne, lit une page ou deux, somnole, songe à son départ imminent, sans parvenir à se rendormir. Elle tend l'oreille au coup de fil, tente de suivre les derniers rebondissements de la prise d'otage. La lumière qui tombe par la fenêtre s'imprime sur le drap en une forme démantibulée, gorgone effrayante, décalcomanie de soleil découpée par le laurier rose du voisin.

Dans l'autre pièce, la voix s'est tue et on peut maintenant entendre les tentacules de soleil qui remuent doucement sur la percale de coton. Aurélien ouvre la porte de la chambre, se laisse tomber sur le lit, puis défait le drap et se glisse dessous tout habillé, tranchant d'un coup toutes les têtes de l'hydre ensoleillée. Je suis exténué. Couché en chien de fusil, il ne dort pas, attend, guette la respiration derrière lui. Elle va poser son livre, prendre appui sur son coude, se pencher au-dessus de son visage, il aimerait tant qu'elle se penche au-dessus de lui, qu'elle pose ses lèvres sur sa nuque, embrasse doucement son front, ses joues, sa bouche, en l'aveuglant de ses cheveux, comme avant. La vue brouillée, ils oublieront la fatigue, le chauffage, le travail, et les sables mouvants de la vie matérielle. Enfin une trêve dans la course des jours. Tu n'as pas sommeil, Nice ? Tu ne veux pas te reposer un peu ?

Le drap se soulève, la chaleur du corps familier se rapproche, les mains tendres se posent doucement sur ses épaules. Puis, à travers les couches de tissu, il sent ses seins, cette lourdeur délicieuse, cette blancheur écrasée contre ses omoplates, Bérénice, Nice, ma chérie. Elle l'accroche dans ses bras. Revoilà enfin la douceur. Les lèvres se posent sur son cou, un bout de langue lèche son goût d'homme, mais subrepticement, dans cette bouchée d'amour apparaît un arrière-goût de gêne qui fige le désir. À force de précautions, on ne sait plus en manquer. La lumière qui inonde la chambre leur paraît soudain indécente, leurs corps, imperceptiblement, se rétractent. Pourtant, la caresse de Bérénice sur l'épaule d'Aurélien reste la même, descend le long du bras, enrobe le coude, glisse jusqu'à la main, emprisonne les doigts juvéniles dans sa paume, mais elle interrompt ici son chemin. Il fait trop jour, il faudrait au moins un peu d'obscurité pour aveugler leur pudeur.

On meurt de chaud, non ? Je vais ouvrir la fenêtre du salon pour faire un courant d'air.

Magda se tient à la rampe et évalue du pied l'escarpement de la marche suivante. L'escalier de béton qui mène à la cave est un colimaçon inégal. Traître. La pire peine de la vieillesse, pense-t-elle, c'est le soupçon, cette voix qui recommande de s'agripper plus fort à la barre de métal longeant le mur, la fragilité qui fait douter, se méfier des rebords de trottoirs, des heures de pointe dans le métro ou des coups de sonnette inattendus, la méfiance, progressive, insidieuse. On n'y voit rien ; à peine Magda dégage-t-elle un nouveau carton que la minuterie la plonge dans l'obscurité. Elle déniche tout de même le fameux sac de voyage, couvert de salpêtre, aux multiples poches et lanières ajustables. Il contient la tente, celle des aventures de jeunesse, celle d'avant Georges – qui préférait les pizzas quatre fromages et les feux de cheminée –, la tente des années 70, celle du voyage au Népal, fabrication canadienne, deux places, toile bleu roi, fiable, imperméable, serrée avec piquets et sardines dans un sac assorti, idéale. Elle s'accompagne d'une gazinière miniature, d'une casserole de maison de poupée, de deux épais tapis de sol, tout l'attirail du parfait castor senior.

Les cheveux de Daphné ont encore éclairci. Plus elle croît en âge et gravit les échelons chez Christie's, plus ses balayages gagnent en audace. La voilà qui revient d'une semaine de vacances à Belle-Île, resplendissante, blonde comme jamais. Elle porte une jupe claire à motifs de feuillages et une simple paire de tennis blanches, uniforme des jeunes femmes en fleurs, mais une fleur d'1,78 mètre, donc espèce majestueuse, à longue tige, iris ou orchidée. Sa frange est encore pleine de vent marin et un courant de brise iodée pénètre avec elle dans l'appartement.

Sur le petit balcon en moucharabieh face à la Seine, Daphné raconte le calme, la nature retrouvée, la mer souveraine, le doux bruit des vagues s'écrasant contre le sable. Parfois, elle se verrait bien changer de métier, emménager sur l'île, ouvrir une crêperie bio, prendre le temps de vivre, de parler vraiment avec les gens, mais déjà Christie's la rappelle à ses obligations et les clients la harcèlent malgré le out of office. Les collectionneurs sont en chaleur. Tu n'imagines pas le nombre de demandes qu'on reçoit pour la prochaine vente. Des Chinois, quelques Russes, beaucoup de Saoudiens ou de Koweïtiens. Ça bouillonne d'impatience, ça trépigne, ça exige du François-Xavier Lalanne, du Jean Prouvé, du Charlotte Perriand. Je découvre aussi qu'il y a de plus en plus de très jeunes et très riches qui s'intéressent à l'Art déco. Ils voient les œuvres sur Insta, me contactent en DM et sont prêts à claquer des millions grâce à deux posts et trois messages privés. Résultat des courses, je passe mon temps sur les réseaux, j'ai l'impression d'avoir quinze ans. Ne me regarde pas comme ça, Bérénice, je te parle d'Instagram, pas de satanisme ! Si la vente a du succès, elle sera promue specialist. À part ça, Jérôme veut un enfant. Mais un congé mat' maintenant ça serait du suicide. Pardon, je manque de tact, excuse-moi. Ça s'est bien passé ton histoire d'ovocytes, non ? En tout cas la vue est fantastique ici. J'adore votre canapé, c'est un Ligne Roset ? Ça va Bérénice ? Tu as l'air fatiguée.

Hi !

I should be travelling to Paris for a shooting soon ✈📷👠.

Will you show me around ? 💫🗼🥐

Victoire ! J'ai réussi à obtenir un créneau avec le chauffagiste des plafonds rayonnants. Vendredi prochain, 18 h 30. Tu peux te libérer ? Je serai au Koweït, Aurélien. Oui c'est important, il nous faut son rapport avant l'AG.

Eh bien que dirais-tu de décaler cette séance de beuverie avec Victor et de mordre à ton tour dans le pain quotidien ? Un petit plongeon dans la réalité, ça te changera de vos rêveries alcoolisées.

Bennie entre en coup de vent, sans sonner, portant les courses à bout de bras, son pas accompagné par le froissement des sacs et les frisselis du polyéthylène. Elle s'affaire déjà, et Michel se tient debout, la béquille plantée en pivot au centre de la pièce pour mieux se tourner et se retourner au gré des allées et venues de sa fille. Elle parle, range, pose des questions auxquelles il n'a pas le temps de répondre, pulvérise une brume d'eau déminéralisée sur la collection de succulentes, monte chercher du linge dans la chambre, le fourre dans le tambour, replie l'espace-temps, le compacte pour y faire entrer les tâches du quotidien, colmate les failles, et dans cette matière trop dense qu'elle tisse autour d'eux, il ne sait plus comment lui parler. Puis elle lui saisit l'avant-bras – tu ne veux vraiment pas que je te prenne une femme de ménage ? Pas pour t'entretenir, pour t'aider ! On en discute à mon retour. Prends soin de toi, papou. Et donne-moi des nouvelles, sinon je vais m'inquiéter.

Quand elle quitte l'appartement, Michel se dirige vers la fenêtre et cherche de son regard obsolète la silhouette de sa fille dans la rue. S'il l'attrape au moment même où elle sort de l'immeuble, grâce aux longs cheveux bruns, il est assuré de ne pas la confondre avec une autre passante. La voilà, ça doit être elle. Bérénice marche à vive allure, se presse, décroît. Michel voudrait distendre le temps, revenir en arrière, les enfants grandissent trop vite. Il attend qu'elle quitte totalement son champ de vision pour laisser la tristesse affleurer.

Elle va reprendre le métro, la 12, puis la 10, puis le C, changer à Sèvres-Babylone puis Gare-d'Austerlitz. Une heure de trajet pour venir faire des courses, du rangement, une machine. Elle a raison pour le ménage, il faudrait qu'il se fasse aider. Et ensuite ? Quand l'œil droit sera remis, peut-être que la hanche se mettra à déconner, puis le genou, la mémoire, l'inspiration. Et s'il ne retrouvait jamais le goût des couleurs ? Et si les Américains venaient à se lasser ? Et si Bennie venait à se lasser ? À son âge, lui dessinait, travaillait, baisait, changeait d'appartement et d'employeur tous les deux mois, achetait des manifestes politiques, en lisait trois pages, en débattait trois heures ardemment au café, se cloîtrait des mois entiers pour peindre chez un ami dans l'Ariège, vivait sur le fil, vivait. Pas de couple, de CDI, de crédit, ni de père cacochyme sur les bras. On l'entend marmonner, se reprocher mille choses, d'avoir perdu son temps, d'avoir mal manœuvré, trop tardé, d'avoir été inconséquent, de ne pas être un cadeau. Il faut laisser partir ses enfants, dit-on, et parfois même couper le cordon de force s'ils s'y attachent par sens du devoir ou excès de bonté.

Bérénice choisit sa valise dans la collection d'Aurélien, puis la remplit avec méthode. D'abord, du côté qui se rabat, emprisonner les habits derrière les sangles élastiques. Elle extrait quelques chemisiers de la pile colorée échafaudée par la femme de ménage, qui repasse et plie à merveille, transformant les chemises en galettes de popeline. Les marques de pliage et l'odeur de lessive sont les grandes voluptés du quotidien. Bérénice pose la tête sur la tour de tissu, respire l'odeur du foyer, y enfonce son visage, étourdie par l'éther du bonheur familial, et son cœur se serre à l'idée du départ à venir. Puis dans les compartiments ajourés de la valise, elle range d'un côté les culottes et chaussettes, et de l'autre la petite glacière à fertilité dans laquelle elle glisse les vingt et une doses de Gonal-F et Decapeptyl. Trois semaines de stimulation hormonale, une orgie de LH et FSH, toute une famille nombreuse à congeler.

Ah bon, tu vas recommencer ? Seule ? Depuis l'étranger ? Mais comment tu feras pour le prélèvement ? Elle fera l'aller-retour, tout simplement, c'est Kuwait City, pas Alep, il y a deux directs par jour pour Bruxelles. Et puis, seule, elle l'était déjà la première fois. Elle préfère d'ailleurs qu'Aurélien n'en sache rien, vu l'effet que produit sur lui la vue de son ventre bleui et hyper fertile. Mieux vaut qu'il se concentre sur la grande bataille de l'AG. Avec lance, heaume et bouclier, car ça risque d'être sanglant. Elle veut qu'il soit en pleine possession de ses moyens, il en va de leur capital, de leur sommeil et de leur santé.

Aurélien est également chargé d'appeler Michel régulièrement et de toujours garder sur lui les clés de la rue Ordener. On ne sait jamais, en cas d'urgence, si Magda l'abandonne, s'il perd sa béquille et chute dans les petites marches qui montent à la chambre, s'il traverse sans regarder, s'il s'intoxique avec ses acétates, s'il passe, comme la dernière fois, une barquette d'aluminium au micro-ondes, fait exploser le four, met le feu à la cuisine, crame l'appartement, brûle le roi des chamois et les souvenirs, s'il meurt seul, angoissé, convulsé, alors qu'elle est au Koweït à siroter des hydrocarbures. Le tintement d'un message coupe court aux angoisses : « I can't wait, hurry up. » Aurélien a un drôle de regain de tendresse pour l'anglais.

« Hurry up yourself, I am home, packing for a new start. »

PARTIE 3

Dix ans que Magda n'a pas posé les mains sur un volant. Hier, ils ont ranimé la 205 GTI qui hibernait depuis avril, puis quadrillé le quartier pour se remettre en train. La Peugeot a l'âge de Bennie. Certes ses fenêtres s'ouvrent à la manivelle, mais sa carrosserie vert émeraude reste inégalée, tout comme ce moteur de compète qui démarre sans broncher après plus d'un mois et demi de torpeur.

La voiture les attend, garée rue du Ruisseau, exhalant son odeur habituelle de laine brûlée et d'essence. Le soleil se lève à peine. Ils ferment la porte de l'appartement, adieu Paris, adieu pommiers chinois de la rue Ordener, adieu mouettes qui piaillent déjà sur les bords du canal. Cliquetis de clés, chocs hasardeux de la béquille contre le mur, Michel porte le grand sac de Magda sur son épaule droite, aveugle peut-être mais gentleman. Ils emplissent le coffre, claquent les portières, tournent les poignées, baissent les vitres, et filent déjà, rue Ordener, rue Championnet, boulevard d'Ornano puis rue Belliard, le long de voies imbibées de lumière, chancelantes de chaleur. Après avoir calé rue du Roi-d'Alger, où le goudron fond au soleil, ils se dirigent vers la porte de la Villette et s'engagent sur le périph. Magda, c'est encore mes yeux qui me trahissent ou on est très proches du camion devant ? Un peu proches… Elle accélère et double.

Michel laisse son bras droit dépasser de la fenêtre, les doigts tordus bien dépliés pour sentir l'air matinal qui se faufile entre ses phalanges ondulées. Adieu jours de macération, adieu vie immobile.

Objet : Bien arrivée ? 11 h 54

De : aurelien.viotti@gmail.com
À : berenice.lescure@gmail.com

Nice, tu es bien arrivée ? Comment est ton hôtel ?
Tu as oublié ton pyjama sous l'oreiller. Tu me manques déjà. Écris-moi, ma business woman !

A.

Traversée par les vents, la 205 émeraude file sur l'A6. L'air agite leurs cheveux. À la station-service, Magda natte sa crinière blanche, tire des lunettes de soleil du fond de son sac de voyage, ainsi qu'un foulard noir qu'elle noue autour de sa tête ; Liv Ullmann tout craché ! Voilà qu'affleure un lointain sentiment de fierté masculine, ténu mais délicieux.

Michel se redresse légèrement, hausse la voix pour se faire entendre dans la tempête de vent : ils pourraient peut-être faire halte sur la route des vins ? Bennie et Aurélien l'ont suivie il y a deux ans et ont adoré. D'accord, d'accord pour le détour bourguignon et la dégustation impromptue, mais elle doit s'arrêter pour regarder la carte, puisque personne ici ne sait utiliser un GPS.

J'en reviens pas que ces trucs-là puissent savoir exactement où tu es. L'Italien explique ça dans le podcast : ça marche avec des horloges atomiques, en orbite. Quand tu penses à la constellation de pendules au-dessus de nos têtes. Et comme là-haut, le champ gravitationnel se détend, toute cette kyrielle d'horloges retardent, et il faut les avancer régulièrement. Tu imagines, le malheureux horloger qui se coltine toute la tournée des GPS en orbite ? Ce qu'il faut retenir de tout ça, my love, c'est que plus tu montes en altitude, plus le temps s'étire, et moins tu vieillis.

Ils sortiront à Beaune et passeront par Nuits-Saint-Georges. Mais elle prévient : juste un verre, car il faudra reprendre la route ensuite pour arriver avant la nuit.

*

Il est 13 heures lorsqu'ils se garent sur le trottoir d'une rue sinueuse menant à la place centrale. Le village dort comme un juste, écrasé sous une touffeur inquiétante, 30 degrés au mois de mai ! Seul le bar-hôtel de l'Étoile est ouvert. Le bistrot, jouxtant la devanture moutarde de Diminu-Tif, a colonisé la placette de ses parasols vert et rouge. Il n'y a qu'un seul client pourtant, assoupi sous les ombrelles géantes ; Magda et Michel s'installent à leur aise près de la fontaine. Elle déchiffre pour lui les nombreuses pages plastifiées de la carte des vins, et il écoute sagement, tributaire de ses yeux et de son amour, lissant pendant ce temps la toile cirée à fleurettes, déplaçant le cendrier de quelques centimètres, comme le font les vieux qui, devenant tatillons, ordonnent machinalement l'espace autour d'eux, décalent de quelques millimètres un couteau, un verre, une serviette, n'importe quel objet qui leur tombe sous la main, tentant ainsi de garder prise sur le monde, ou au moins sur ses créatures inanimées.

Qu'est-ce que c'est le pinot beurot ?

Michel se ranime, rassemble les connaissances œnologiques glanées auprès d'Aurélien : c'est comme ça qu'ils appellent le pinot gris ici, à cause des sols très calcaires. Ils n'ont pas les mêmes noms dans la région, ni les mêmes classements, ni les mêmes terroirs, ou climats ? Il s'embrouille, c'est le soleil, la chaleur. Magda caresse sa main qui s'accroche au cendrier. Prenons un premier cru, ce sera plus simple que de choisir dans cette bible, et on fera du camping sauvage quand on sera ruinés.

Le garçon apporte deux grands verres emplis au-dessus du trait, ainsi que du pain dans une corbeille de cantine et un camembert enrobé d'une robe de papier.

Ils arrivent de Paris ? Leur enthousiasme candide semble adoucir l'inimitié du serveur pour la capitale.

Vous visitez la région ?

Non, ils partent en Suisse.

Ah… Pourquoi pas après tout ? C'est vrai que c'est beau. Et calme. Mais à son goût, ça sent trop l'argent, les vieux et le Toblerone.

Magda et Michel n'ont rien contre le Toblerone. Eux non plus, en revanche, n'aiment pas trop les vieux, mais ils apprennent à composer.

Bien sûr, se reprend le quadragénaire hâbleur. En fait leur problème aux Suisses, c'est le confort, ça les ramollit. Y a qu'à voir leur façon de parler, on a l'impression de visionner une vidéo YouTube en 0.75. En tout cas, il leur déconseille de s'attarder à Genève ; c'est surtout la nature qui vaut le coup dans ce pays. À la limite, passez voir la tortue à deux têtes du Muséum d'histoire naturelle. Puis il leur prodigue tout un tas de recommandations touristiques et vante ses propres expéditions en montagne. Il ressemble à un torero mélancolique avec cette chemise lie-de-vin et ce jean noir sanglé sur son corps émacié. Pourtant il converse volontiers, avec verve et détails, leur recommande un camping près de Gruyères, propre comme une savonnette, et leur offre une tournée. Michel tâtonne doucement sur la table, cherche le pied du verre, puis remontant la tige, enrobe la corolle à deux mains, plonge l'index dans le breuvage pour en apprécier le niveau, et le porte à ses lèvres. Il ne faudrait pas tarder, Micha. Magda craint de conduire la nuit.

Au troisième verre, plus personne n'a peur du noir et ils trinquent à l'amour, aux vieux et au Toblerone. Le goût de la liberté, saveur fraîche, presque gazeuse, se mêle à l'alcool et leur monte à la tête. Michenka, tu ne crois pas que ce serait plus sage de passer la nuit ici ?

Objet : Rotten crackers 08 h 04

De : g.brunier@librafearnley.com
À : b.lescure@librafearnley.com

Hello Bérénice,
J'espère que tu vas bien et que tu es bien arrivée. Le Radisson te plaît ? Hossein vient de m'écrire : il faudrait que tu passes rapidement un coup de fil aux KOC, au moins pour te présenter. J'ai eu des news par leur operation manager, visiblement, ils sont assez flippés à l'idée qu'une petite Française s'immisce dans le business.
À part ça, on pense qu'un des gros crackers de Sonatrach est mort… Pour l'instant c'est du off mais demain le marché sera en PLS ; j'ai déjà eu trois appels des gars de Vitol.
Il faut qu'on soit au taquet cet après-midi. Je sais que tu viens d'arriver, mais essaie de te connecter à ton IceChat, au moins pour la window de 17 heures.
À plus,

Guillaume

Objet : Re : Bien arrivée ? 14 h 32

De : berenice.lescure@gmail.com
À : aurelien.viotti@gmail.com

Hello,

Bien dormi ? Les radiateurs t'ont laissé dormir un peu ?
Ici l'hôtel est délicieusement silencieux, et complètement lunaire. J'ai l'impression d'être à Disneyland avec cette espèce d'énorme navire de pirates amarré au Radisson, équipé de tout le florilège du kitsch : gouvernail en bois, décor en trompe-l'œil à la poupe, restaurant ultra huppé dans la coque du bateau, cordages factices et bouées décoratives, le tout accompagné bien sûr d'une bande-son reproduisant le bruit de la houle et le cliquetis des voiles contre le mât. Impossible malheureusement de siroter un verre accoudée au bastingage, car le voilier est échoué à l'air libre et le soleil crame quiconque s'aventure hors des espaces climatisés.
Je t'écris donc depuis le bar, qui ne sert que des cocktails sans alcool, mais je compte profiter de la piscine couverte pour compenser. Sinon, le pays vient de décréter l'état d'urgence à cause d'une fuite de pétrole survenue cette nuit. Je croise les doigts pour que ça n'affecte pas la production, je n'ai pas du tout le courage de gérer des ruptures de deals en cascade. Sans compter que ça met sérieusement en péril mes tentatives de négociation sur place.
Je me console en contemplant la mer – à l'abri encore des hydrocarbures –, et je fais de l'exercice en parcourant les hectares de ma suite junior, dont les couvre-lits, les rideaux,

la moquette, les fauteuils et les serviettes de toilette sont roses, brodés de camélias argentés, ta grand-mère aurait trouvé ça très distingué.
Tout va bien à Paris ? Tu peux souffler un peu ? Comment vont tes otages ? Je n'arrive pas à joindre mon père, tu as pu l'avoir au téléphone ? Je n'ai pas non plus de nouvelles du chauffagiste…
Tu avais raison, j'aime bien l'idée qu'on s'écrive de vrais messages.
Bon courage pour ta journée de travail,

Nice

Il faut prendre de l'altitude maintenant, autrement le soleil les racornira jusqu'à la moelle, leur réservera le même sort qu'aux plaines boucanées qui pèlent le long de la nationale. Regarde, même les arbres se recroquevillent. C'est insensé cette chaleur au mois de mai ! Alors ils prennent la tangente pour échapper à la fournaise, préfèrent les départementales ombragées, jouent à la marelle des villages, conduisent jusqu'à Ciel, Lux, puis sur la route vers Poids-de-Fiole, l'air devient plus tendre.

Magda s'arrête pour étudier à nouveau la carte. En prenant par là, c'est plus long mais plus beau. Ils vont suivre ce trait, si mince sur la carte qu'elle doit changer de lunettes et le suivre du doigt. L'artère bifurque, traverse un champ fluorescent et s'engouffre dans une jungle d'épicéas. Les fermes alentour sont immobiles, silencieuses. Tu es sûre que c'est le bon chemin ? À la lisière de la forêt, le goudron devient terre caillouteuse, et l'air refroidit encore. Quelques mètres plus loin, les sapins les happent, les aspirent sous leur ramure fraîche qui sent le froid et la résine. Leurs minces troncs saccadent la lumière qui défile à la fenêtre, formant un paysage stroboscopique. Ils se perdent dans les lacets, puis, après un tunnel de conifères, longent une grande clairière où tombent les rayons obliques du soleil, perçant les nuages, trouant le ciel et se plantant dans l'herbe verte. On dirait que Dieu les met en garde, qu'il lance depuis là-haut ses javelots de lumière. Tenez-vous bien, en bas, sinon je vous écrase, vous qui vous agitez sans cesse, vous débattez en vain, alors que l'herbe est tendre et que j'ai fait pousser pour vous toute cette verdure aux flancs des montagnes. Pourquoi pensez-vous que je tricote patiemment cette chaude couverture de beauté ? Pour vous, pour vous seuls, pauvres humains, si seulement vous vouliez bien vous y abriter.

Ils progressent et l'atmosphère s'allège encore. L'air tombe ici de plus haut, filtré par de clairs nuages, dégringolant joyeusement le flanc des sommets enneigés qui se profilent sur les bords de route ; le vent pénètre par les fenêtres, envahit l'habitacle. Ils y sont. La Suisse ! Le pays se découvre devant eux et Michel se délecte des couleurs ; si les formes se dérobent encore, les teintes ici lui sautent aux yeux, à l'œil en tout cas, au droit, qui perçoit les sapins en vert pistache et le ciel en bleu lagon, insolent, provocateur. La Suisse !

Objet : Good news 09 h 06

De : g.brunier@librafearnley.com
À : b.lescure@librafearnley.com

C'est quoi cette arnaque d'état d'urgence ? J'espère que le pétrole ne fuit pas jusque dans ta piscine climatisée.
Tu as checké Platts ce matin ? C'est pas un cracker mais deux qui ont lâché chez Sonatrach. Ça va être chaud. J'ai au moins trois livraisons qui sautent pour la semaine pro. J'imagine que c'est pire pour toi.
Et… Camila vient de se mettre en congé maladie. Paye ta journée !
Je sais que tu es censée séduire des Koweïtiens en panique, mais pour l'instant la priorité c'est surtout de gérer la galère des deals en livraison. Sans personne aux opérations, c'est plus drôle.
Suis dispo toute la journée si besoin. Je te conseille aussi d'éviter de prendre Sylvie au téléphone. Elle a percuté un cycliste ce matin et le mec est à l'hosto. Elle vrille complètement.
Bonne journée Bérénice, brace for impact.

Guillaume

Assis sur une chaise en plastique, installés derrière le panneau de plexiglas de la terrasse panoramique, ils sirotent un jus de pomme pétillant pour célébrer leur arrivée, quand une lambada électronique interrompt leur félicité. Michel, tu sonnes. Lui n'entend pas. Mais maintenant qu'elle le lui dit, il sent la poche gauche de son jean qui vibre légèrement. Le temps qu'il glisse le pouce et l'index dans le repli du pantalon, attrape l'objet, tire, perde sa prise, réessaie en levant légèrement le bassin pour adoucir l'angle et faciliter ainsi l'extraction, la sonnerie s'est arrêtée.

« Putain de poches !

— Pourquoi tu ne le ranges pas dans ta poche de chemise ?

— Parce que alors il fout le camp dès que je me baisse.

— Tu ne regardes pas qui a appelé ?

— Tout à l'heure. »

Il s'assombrit, malgré le pays limpide face à eux.

Sans la loupe, il ne peut plus distinguer les notifications qui s'affichent à l'écran. Un mois, deux maximum, a dit l'ophtalmo. Deux mois, si l'on est rigoureux, c'est dans deux jours. Mais ça, le jeune con de l'Hôtel-Dieu s'en lave les mains. Il n'est pas disponible pour l'instant. Voulez-vous que je prenne un message ? Je peux vous proposer un rendez-vous pour le 27 août. La belle affaire. Entre-temps il peut bien s'embourber dans le magma du monde qui bave et dupe.

Je vais payer et pisser. Michel prend appui sur la table et, en se levant, bouscule la béquille calée contre l'accoudoir, nom de Dieu ! Il se penche pour la rattraper, le téléphone glisse de la poche de chemise, tombe à terre. Tu vois ? Pour ajouter à la fête, la lambada reprend.

Il tend le téléphone à Magda.

« C'est qui ?

— Aurélien. »

Alors il repose le téléphone et laisse la mélodie se fatiguer d'elle-même tandis qu'il s'éloigne vers le fond de la salle.

« Je t'accompagne ?

— Ça va. »

Michel s'est aspergé le visage. Lorsqu'il regagne la table, de minuscules gouttelettes coulent encore sur sa peau. On met les voiles ?

Objet : Re : Good news 14 h 04

De : b.lescure@librafearnley.com
À : g.brunier@librafearnley.com

Hello,
Je tente de suivre tes conseils, mais la DG me harcèle. Elle m'a déjà envoyé quatre emails et laissé deux messages ce matin.
Sinon tout va bien, j'ai deux cargos annulés pour la fin de la semaine, deux pour Q3, et on risque d'avoir bien pire ici avec l'arrêt d'Al Wafrah…
Impossible évidemment de joindre les KOC.

B.

Genève, son lac, son jet d'eau, ses Rolex et sa tortue à deux têtes. Michel se colle à la vitre du terrarium et imprime sur le verre la trace ondulée de ses doigts. Tu la vois, là ? Magda, fascinée, lui désigne l'animal – au fond, dans le coin, entouré de pétales de salade – et s'accroupit pour observer de plus près le monstre miniature. Une planche en plexiglas retrace sa biographie. « Janus a 23 ans, un record de longévité pour une tortue bicéphale. Il est né en couveuse au musée et n'a jamais quitté les lieux depuis. »

Derrière la vitre, l'animal fabuleux se contrefiche du bassin moussu et de la faune luxuriante plantée rien que pour lui, se moque de cet éden privatif, du coin verdoyant et vallonné que toutes les tortues de captivité lui envient, il préfère le sol bétonné. Il barbote dans l'air, piétine son déjeuner de laitue, s'agite, puis tout à coup, d'un mouvement brusque se décale sur le côté, recule, se cogne à un rocher décoratif.

Michel ne distingue pas les deux têtes, il ne voit qu'une masse gris-vert agitée de soubresauts. Alors il s'assied sur le banc et admire Magda, qui admire Janus. Elle porte l'ensemble qu'il aime, pantalon blanc et marinière, immaculés et repassés pour le voyage, qui lui donnent un air de matelot échevelé, une tenue qui lui rappelle l'enfance, l'uniforme dans lequel on les glissait, ses frères et lui, pour les traîner à la messe.

Accroupie sur ses tennis, Magda scrute la bête difforme. « Les deux têtes ont chacune un cerveau et un caractère propre, et parviennent donc difficilement à coordonner leurs mouvements. C'est pourquoi Janus se déplace de cette façon saccadée et parfois douloureuse. »

« Pauvre pépère.

— Il a 23 ans, mon cher, c'est nous les pépères. »

Clairement, la tête de droite domine. En plein sous les néons, Janus vient de happer une feuille de laitue phosphorescente et l'enfourne à sa dextre, dans sa gueule de pierre goulue et égoïste, prétendant dévorer seule son butin, et donnant des coups à sa jumelle de gauche, soumise et sous-nutrie.

Qui de leur couple est la tête dominante maintenant qu'il ne discerne plus les tortues bicéphales, les embranchements de cartes routières, les sms qui clignotent sur son téléphone ou la vraie nuance du ciel ? Qui aurait cru que Liv Ullmann se transformerait en garde-malade pour ses beaux yeux ? Qui l'aurait voulu ? Certainement pas Michel.

« Janus ne peut vivre et s'épanouir qu'en milieu protégé. Dans la nature, il peinerait à se nourrir de façon autonome et ne tarderait pas à faire le festin de ses prédateurs, incapable, en effet, de recroqueviller ses deux têtes dans sa carapace exiguë. Aussi le Muséum d'histoire naturelle de Genève s'applique-t-il depuis vingt-trois ans à le bichonner et le choyer. À tel point que Janus est devenu la mascotte de l'institution et le chouchou des Genevois ! »

La Suisse est son salut. Comme nous.

Pourtant, depuis leur arrivée, Michel s'inquiète, il lui semble que le poumon de Magda gémit plus que d'habitude. Elle se relève d'ailleurs, et on entend les alvéoles se contracter et soupirer sous l'effort. Janus lui-même tourne sa tête affamée et observe la manœuvre. Les genoux de Magda craquent, le sang afflue dans le bas du corps pour soutenir la poussée, mais délaisse le cerveau et Magda vacille un instant. Michel se lève pour lui porter secours, trop vite. Il va lui-même perdre l'équilibre, et tous deux valdinguent dans les bras l'un de l'autre, matelot et aventurier du troisième âge, maladroits et amoureux.

J7 : Passer à 300 ml de Gonal-F et poursuivre les injections quotidiennes de Decapeptyl.

Michel garde leur banc, juste à côté d'un sureau fleuri dont l'odeur de miel, entêtante, épaissit l'air alentour. Magda est partie chasser le déjeuner. Il sort la loupe rectangulaire du sac à dos et examine le sms qui a tinté tout à l'heure :

Bonjour Michel,

Les caractères se gondolent sous le verre grossissant.

Je viens aux nouvelles. Puis-je passer vous donner un coup de main ou faire quelques courses dans les jours qui viennent ? N'hésitez pas à me dire si je peux être utile ; Bérénice ne vous pardonnerait pas d'avoir des scrupules avec moi. Elle n'arrive pas à vous joindre d'ailleurs, mais elle est bien arrivée. Elle va très bien et vous embrasse.
J'espère que vous avez fait un sort aux Despé !
À bientôt.
Aurélien

L'écran du téléphone ondule doucement. Michel découvre également plusieurs appels manqués de Bennie qui glissent sous la loupe, mais avant qu'il n'ait pu faire défiler l'historique, Magda réapparaît, un sac en papier kraft entre les mains, merci, my love. Elle s'installe sur le banc, extrait du sachet un festin de victuailles bio sans gluten ni paraben, ainsi qu'une collection de serviettes orange qu'elle pose sur le bois vert, et qu'un coup de vent inattendu disperse aussitôt ; des papillons de cellulose s'envolent en nuée. Magda parvient à en rattraper quelques-uns, les plaque sur le banc et leur lisse les ailes pour en faire une nappe de fortune. Elle reprend doucement son souffle. Alors Genève ? Ils trouvent la ville très propre, très verte, un village par rapport à Paris. Nul banquier influent et pressé à l'horizon, nul cadre onusien, nul cheikh en exil, ils n'ont vu pour l'instant qu'une tortue à deux têtes, des familles à poussettes, des joggeurs, des immeubles à stores orange, profusion de Tea Rooms et quelques sages Bentley qui sillonnent la ville à 30 kilomètres-heure.

Michel bataille avec le plastique qui enrobe le pain de sarrasin. Ses doigts tordus tirent et grattent le film transparent, strangulent le sandwich, jusqu'à ce que – attends – Magda désemmaillote son repas et lui tende une aile orange en supplément. Nom de Dieu, pourquoi est-ce qu'ils ficellent tout comme ça dans du plastoc maintenant ?

Il ne se plaignait jamais avant. Il se moquait parfois de l'état du monde, mais avec le sourire, l'air d'en prendre son parti, adoptant la devise de la nonna, la vita è una commedia. Depuis l'opération, Magda le surprend parfois à marmonner rageusement lorsqu'il s'attaque à ces putains de boîtes de médocs dont il ne trouve pas l'ouverture, à son téléphone, à ces foutus bouquins écrits en pattes de mouche, au jeune con de l'Hôtel-Dieu qui le laisse patauger dans le schwarz, à la vie, la vieillesse, la France, les végétariens, le président, l'État – Aurélien bénéficiant d'une grâce inexplicable –, à Dieu – toi qui y crois, comment tu expliques tout ce bordel ?

Par moments, le souvenir de Georges et de la maladie se superpose à ces grommellements. Alors Magda redouble d'enthousiasme, s'extasie devant le ciel, les jus de pomme pétillants et les parcs genevois, s'accroche fermement à sa félicité. Elle allume sa cigarette aux amandes, et les vapeurs de propylène glycol se mêlent aux exhalaisons capiteuses du sureau derrière eux. L'air est si sucré qu'en plissant bien les yeux on peut presque le voir se cristalliser, les fleurs blanches éclore, laisser couler leur gras sirop sur Michel et Magda et les coller éternellement à ce banc.

Demain ils s'aventureront plus avant dans le pays, gagneront de l'altitude.

Tu crois qu'on verra des chamois ? Peut-être pas aux abords du lac, mais ils en croiseront certainement dans les montagnes du canton de Fribourg, le Guide Vert l'a promis.

Ils plient bagage et, pour calmer les bronches et bronchioles inquiètes à la perspective des randonnées à venir, repartent, sac au dos et béquille en main, acheter des bonbons suisses à la fraîcheur mentholée. Magda a arrêté les bronchodilatateurs et confie maintenant son souffle aux Ricola, à la menthe poivrée des glaciers, aux précieuses propriétés de la mauve, de la pimprenelle, de la primevère et des autres végétaux qui entrent dans la composition des dragées miraculeuses.

Objet : 16 h 04

De : direction@librafearnley.com
À : b.lescure@librafearnley.com

Bérénice ?! Je ne vous ai pas envoyée dans le Golfe pour financer vos vacances 4 étoiles. Je vous repose la question : que faites-vous pour le retard des cargos Sonatrach ?!
Je veux que vous me teniez au courant, j'ai déjà eu deux appels de Glencore. Je ne peux pas tout prendre en charge, moi, les congés dépression de Camila qui nous laisse le desk des opérations dans un état cataclysmique, les cyclistes qui se jettent sous mes roues et Mariana qui exige de partir à 17 heures pour voir sa famille et reconnecter avec une vie plus saine. On n'est pas dans une pub Yves Rocher, j'ai besoin de salariés sur qui je peux compter. Guillaume est sous l'eau avec le LPG, à vous de gérer la galère Sonatrach puisque c'est votre zone. Et débrouillez-vous pour obtenir ce rdv à la KOC.

Deux trains déjà sont apparus dans le rétroviseur, les narguant de loin, promettant un instant de cheminer ensemble, les doublant ensuite avec insolence. En voilà un, encore, qui approche. Il y a d'abord son doux roulis, mais très vite le fracas s'intensifie, et en quelques secondes, dans une rafale de vent, la tête affûtée fend l'air, suivie de la carcasse blanche, qu'on devine rutilante même dans l'ivresse de la vitesse, avec quelques éclats de rouge, croix helvètes qui filent le long du lac. La GTI émeraude frissonne. Tu ne trouves pas, déjà, que le temps a ralenti ? Oui. Même si tout ça n'existe pas, si les minutes ne sont qu'une trame trouée, les heures, un tas de granules agglomérés, il est clair que les années s'effacent avec l'altitude. Magda aussi en est convaincue. Il n'y a qu'à voir Michel, profil revigoré, cheveux ébouriffés de vent, qui a sorti son coude à la fenêtre et défie le Léman, morceau d'azur décroché du ciel et gisant entre les montagnes sous le soleil de midi.

Sur les recommandations du serveur, ils dépassent Lausanne. Certes, vous raterez la haute tour surplombant la ville – 35 mètres, mesdames et messieurs, l'Empire State Building du canton de Vaud ! –, mais filez plutôt vers les vignes en terrasses de Lavaux. Ils y font un vin gentillet, hors de prix, mais rafraîchissant. Alors Magda rétrograde et s'engage en première le long des vignobles dangereusement inclinés. Incertaine, elle slalome un temps à travers les vignes qui grimpent jusqu'au ciel, roule avec précaution, tente de ne pas écraser les arbustes nains qui paissent en troupeau, indolents, puis se lasse. Et si on allait se baigner ?

Objet : Peau de léopard 11 h 25

De : aurelien.viotti@gmail.com
À : berenice.lescure@gmail.com

Nice, tu tiens le coup ? Je ne te parle pas de travail, promis. Tu sais que nos voisins sont fous ! Le président du conseil syndical plus encore que les autres. Il s'est quasiment introduit de force dans l'appartement hier pour me proposer à voix basse de descendre dans la réserve saboter la chaudière. J'en rirais si je n'étais pas épuisé. Il est tombé en extase devant le tableau de ton père, le grand format à pigments verts du salon, et m'a demandé ses coordonnées. J'espère qu'il va lui passer commande. Je n'arrive toujours pas à le joindre d'ailleurs. Je tombe immanquablement sur son répondeur ; tu as pu lui parler ? À part ça, rien à signaler. Depuis que les volcanologues en goguette sont libérés, le rythme s'est prodigieusement calmé. Au point que je ne sais pas quoi faire de cette oisiveté nouvelle. J'en profite pour t'écrire et quitter le bureau à 18 heures. Hier je suis rentré à pied en faisant un grand détour par le 5e arrondissement. C'était merveilleux, il faisait beau, ça sentait les fleurs tièdes de marronnier, ça m'a rappelé nos promenades du début, cette impression que les rues nous appartenaient. Les rues, que dis-je ? Le monde ! Je suis passé devant l'appartement qu'on rêvait d'habiter, à la pointe de l'île Saint-Louis, tu te souviens ? On y est presque, après tout, puisqu'on a la Seine sous les yeux ! La voyante avait raison. Je me suis installé au café pour écrire, je voulais me remettre à notre idée de polar sur l'art contemporain, j'ai repris nos notes, coupé mon téléphone, puis… rien.

Rien à dire, rien à écrire, je suis asséché par ces mois de réunions, de notes diplomatiques, de TD, de CS, de DC, de ReTex. J'ai fini par scroller piteusement sur des sites de déco pour compléter notre trousseau. D'ailleurs, tu aimes cette descente de lit vintage en peau de léopard ? Je t'appelle ce soir, si tu trouves un interstice dans ton emploi du temps de tycoon. Je t'embrasse Nice.

A.

L'unique restaurant de la place est hors de prix et d'ailleurs il arrête déjà son service. À 13 h 30 ?! Michel marchande au comptoir une bouteille à emporter, un blanc de Lavaux, ouverte s'il vous plaît, et ils descendent vers le lac, bras dessus, bras dessous, direction le « bain des dames », qui n'est pas dans le Guide Vert mais que Magda a repéré dans un blog sur Internet. La plage est nichée derrière le verger, en bas de la route, et malgré son nom les hommes y sont admis.

Les pavés sont d'époque, inégaux, Michel trébuche légèrement. Alors pour ne pas verser tout le chasselas par-dessus bord, ils s'arrêtent et boivent au goulot. Le raisin frais et fermenté coule délicieusement dans la gorge, allège leurs pas et les mène au bas de la route, à l'embarcadère de béton derrière les bougainvilliers, désert.

Dans la séquence suivante, ils entrent dans l'eau glacée du Léman. Tant pis, ils se baigneront en sous-vêtements de coton puisqu'ils n'ont pas prévu de maillot de bain, n'en possèdent plus d'ailleurs. Ils s'effeuillent lentement.

Magda aide Michel à sortir la tête du t-shirt qu'il garde sous sa chemise, et déjà ils ne sont plus que plis tendres sous la douche de soleil, les orteils bientôt mouillés. Ça caille, jubile Magda. Michel, la bouteille à la main, émet un rire de chouette tandis que les vaguelettes lui lèchent les côtes.

*

Alors qu'ils se sèchent au soleil, la lambada retentit à nouveau et, dans le sac à dos, la poche droite clignote au rythme de la rengaine électrique.

« Tu peux regarder qui c'est ?

— Bennie. »

Une main attrape le cœur de Michel et referme son étau sur le pauvre organe. La cage thoracique est aspirée en dedans, les épaules suivent, et le propriétaire du cœur se recroqueville, piteux, coupable.

« Tu ne veux pas lui répondre ?

— Je ne veux pas qu'elle s'inquiète.

— Elle risque de s'inquiéter si tu ne lui réponds pas. Je me demande parfois qui de vous deux est le parent, Micha. »

Micha se hisse, tant bien que mal se relève, en prenant appui sur le bras que lui offre Magda ; le bain l'a ankylosé. Son caleçon humide colle à ses grandes jambes et fait ressortir le large torse voûté au-dessus des échasses vacillantes. Son pelage de vieux, distendu par la vie, forme sur le thorax un beau drapé de peau froissée. Il ouvre le clapet, approche le clavier de son œil droit, le positionne bien au-dessus de l'ancienne bulle, qui a disparu comme on le lui avait promis, mais sans ramener ni les détails, ni les vraies couleurs du monde, saleté. De l'index, avec application, Michel presse les touches qui bavent sur leurs voisines, mais par miracle, dès le deuxième essai, ça sonne.

Allô, Bennie ? Je t'ai ratée. Mon téléphone ne s'allumait plus. Il parle fort, trop fort. Il dit qu'il se promène tous les jours, que les arbres de la rue Ordener ont fleuri, qu'il ne peut toujours pas peindre, ni sortir sans béquille, putain d'œil droit, que la rose du désert qu'elle lui a offerte reprend du poil de la bête, sans parler des lithops violettes qui grossissent à vue d'œil, que Magda est là, qu'elle l'embrasse, et lui aussi, Bennie, ma fille chérie.

Certes Victor est maladivement en retard, mais il sait se montrer accommodant pour la garde alternée du cabriolet. Lorsqu'il arrive au rendez-vous, trente-cinq minutes après l'heure dite, il a décapoté le bolide bordeaux et se gare sur la place livraison en face de la terrasse. Merci, mec, de l'avoir ramené plus tôt. J'avais impérieusement besoin d'un tour de décapotable pour réenchanter ma vie de fonctionnaire.

Victor a l'air reposé, rieur, et même bronzé, ce qui ne s'est jamais vu. C'est que Sophie l'a converti à la douceur de vivre, au soleil, et en trois semaines de vacances l'a métamorphosé. Une nouvelle ère s'annonce. Pour preuve : il s'est laissé pousser la barbe et la caresse pensivement. Il a pris de l'embonpoint aussi, ne le cache pas, arbore fièrement la stature virile du trentenaire posé, le visage paraffiné, le corps stabilisé par les lipides. On a pas mal bouffé. Moi surtout, pour soutenir Sophie… Je vais être papa, mec.

Les pires révolutions s'enclenchent en silence. En réalité on n'est pas censés bâfrer, elle surtout, pas même manger d'ailleurs si on est scrupuleux, ni légumes crus, ni fromages, ni charcuterie, ni sushis, ni sucre, ni rien, ni boire évidemment. Le bagne ! Tu penses bien qu'on a ravagé le buffet du petit déjeuner. Sophie n'est pointilleuse que sur l'alcool – pas plus d'un verre par jour. Comme nos parents en somme, et personne ne se plaint du résultat. Et toi, mec ?

Lui quoi ? Ils en ont déjà parlé, ils étaient d'accord sur ce point : Balzac, Stendhal, Proust ou Claude Simon n'ont jamais eu d'enfants.

Mais Hugo, Nabokov et Modiano, oui, et on ne peut pas dire que ce soient des losers. Victor préfère changer de sujet : Je t'ai laissé un booster dans la caisse parce qu'elle m'a déjà fait deux pannes matinales. Pourtant la batterie est nickel, c'est peut-être le connecteur. J'espère pas parce que c'est galère à changer. Je me demande aussi s'il n'y a pas une fuite dans le moteur… elle est goulue comme jamais. J'ai repéré un léger écoulement au sol la dernière fois, près de la roue avant gauche. Tu me diras si ça continue. On la filera au frère de Jean, il la prendra au black. Oui, le petit frère de Jean. Il s'est fait tellement de cash avec ses touristes et ses tours de Paris en 4L qu'il ouvre son garage pour bagnoles de collection, plein centre de Paris, près du Louvre. Toi qui veux toujours tout plaquer, sache qu'il recrute des chauffeurs pour promener des Américaines dans la capitale. Le truc c'est que maintenant il t'oblige à porter un béret. Mais les femmes adorent ça visiblement et tu scores comme jamais.

Il va y réfléchir, il est sur autre chose en ce moment. Aurélien sort son téléphone, dégaine les photos d'Heidi, tend l'objet à Victor, qui y jette d'abord un coup d'œil distant, puis saisit l'appareil pour voir de plus près et émet quelques mâles exclamations. Il riposte :

« Et Bérénice ?

— Rien à voir avec Bérénice. C'est pour garder la forme. Mangez, bougez.

— Et d'où tu sors cette entraîneuse ?

— Insta.

— Depuis quand t'es sur Insta ? Tu sais quoi, ne me dis pas. Je ne veux pas de problèmes avec l'officielle. Tu me connais, je suis du côté des puissants. Mais préviens-moi si tu embauches comme chauffeur 4L pour le circuit Montmartre-tour Eiffel. On pourrait bosser en tandem. Je vais ralentir le boulot. Pour la naissance du petit… et la sortie de mon roman. J'ai relancé une salve d'envois aux éditeurs avant les vacances et je viens d'apprendre la nouvelle en rentrant : Gallimard le prend. »

Le poudroiement s'est épaissi, transformé en chuintement ; les grappes d'alvéoles sifflent de concert dans l'habitacle. Magda conduit lentement, bouche ouverte, et ils roulent en silence, font semblant de ne rien entendre. Michel revient à Dieu : « Ce que je ne comprends pas c'est comment, aujourd'hui, avec les avancées de la science et de la raison, on peut encore croire à la vie après la mort. Plus personne ne ressuscite, c'est fini ça, c'est un leurre, des histoires qu'on se raconte pour se consoler quand la fin approche. Tu sais qu'il y a énormément de baptêmes de vieux ? La peur de mourir...

— Tant mieux pour eux, répond la croyante incriminée.

— Mais tu y crois, toi, my love ?

— À quoi ?

— À la vie après la mort ? »

Ils traversent un village fait de bois, de pierres et de géraniums qui coulent aux fenêtres des chalets.

« J'y crois. Mais je ne me suis jamais dit, tiens, cette histoire de Dieu, de pardon, de paradis, ça me plaît bien, j'achète. C'est pas un plan épargne retraite ou un investissement pour l'au-delà.

— Mais peut-être une ruse de l'esprit pour supporter la faiblesse ? Aujourd'hui ça va mal, vous avez faim, vous n'avez rien, mais tenez bon, car demain, buffet à volonté, les derniers seront les premiers.

— Sauf que parfois, quand le malheur te prend, te met à terre, te cloue au sol, plus bas que bas, parfois, depuis le bas, tu vois mieux le ciel, toujours gigantesque et somptueux. Et parfois, ce ciel t'attrape, descend sur toi, te souffle sa beauté sur le visage, et ce souffle est comme une caresse, ou une couverture, ou un manteau étrange. Dehors, rien n'a changé, il vente, il pleut, il gèle, mais le manteau te protège.

— Et tu l'as pris pour notre voyage, ce manteau ?

— Bien sûr. Mais il est invisible et se transforme selon les circonstances. Parfois, c'est un vieux loden en laine bouillie, parfois, quand il fait beau, il s'amincit, se rétracte, se fait fin comme une pelure d'oignon microscopique et transparente, légère, légère, et qui fait pleurer, mais cette fois de beauté. »

Magda lâche le volant, saisit en pensée un petit couteau affûté et dépiaute l'oignon de Dieu, tandis qu'une Tesla tente de doubler.

Magda ! Si on meurt sur la route, tu me feras un peu de place sous ton manteau-pelure ?

Elle lâche le couteau et reprend le volant.

Michel réfléchit un instant : « Et si le malheur te prend, te met à terre, te cloue au sol, plus bas que bas, mais que tu es chez toi, dans ta cuisine par exemple, et que depuis le plancher tu ne vois pas le ciel ?

— Peut-être que tu aperçois quand même un minuscule bout par la fenêtre ? Ou les géraniums à la fenêtre du voisin, qui sont aussi une preuve. Je sais, tu n'aimes pas les géraniums. Mais pourtant regarde, c'est si beau. »

Ils sont cernés, encerclés de fleurs rouges. La Migros, la banque, la boulangerie, les enseignes arborent toutes d'opulentes jardinières. Il y en a même qui couronnent la fontaine face à l'église, s'échappant des pots en déluge, débordant, se mêlant à l'eau fraîche. On a beau prendre de haut ces fleurs domestiques, c'est quand même magnifique cet assaut de rouge franc. Ils bifurquent à droite, la route rétrécit. Des géraniums, encore, s'exhibent, somptueux, sous le soleil des alpages.

Magda, éblouie par le déchaînement écarlate, se déconcentre et percute légèrement un muret, trop bas, qu'on voit mal. Un rien. Ils tressautent dans l'habitacle puis reprennent leur route, et Michel accepte de boucler sa ceinture malgré les promesses de manteau-paradis.

Un peu plus loin cependant, alors qu'ils gravissent une rue en épingle à cheveux, la GTI ralentit, s'essouffle, plus encore que Magda, peine, finit par émettre une plainte électronique, puis de courts hoquets de détresse en grêlons, et ils calent dans la courbe du virage, devant le portail d'un chalet rogné au rez-de-chaussée par un jardin en pente. Pneu avant droit crevé.

Objet : Re : Peau de léopard 08 h 25

De : berenice.lescure@gmail.com
À : aurelien.viotti@gmail.com

Une peau de léopard vintage ? C'est un talisman pour convoquer l'inspiration ou un présage d'apocalypse ? J'ai enfin réussi à avoir mon père hier ; il avait l'air bizarre. J'ai peur qu'il déprime à cause de son œil. Tu pourras passer à la boutique de cactus qu'il adore ? Prends la plante la plus bizarre, plus c'est monstrueux, plus ça le fascine. Mais sans épines. De toute façon le fleuriste le connaît. Tu lui dis que c'est pour le grand monsieur qui peint.
Ici c'est toujours le chaos. Je ne préfère pas m'étendre sur le sujet.
Je t'appelle ce soir ? Tu me raconteras l'AG. J'espère que tu les as retournés comme des crêpes et convertis aux délices des plafonds rayonnants scandinaves.
À ce soir,

B.

Objet : La vita è una commedia 01 h 08

De : aurelien.viotti@gmail.com
À : berenice.lescure@gmail.com

Nice,
Je rentre à l'instant. Ça faisait longtemps que je n'avais pas roulé seul dans les rues de Paris ; cette voiture est prodigieuse. Tu serais en rage d'ailleurs, je viens de me garer sur une double bande continue juste en bas de l'immeuble.
J'ai vu Victor : Sophie est enceinte. La voilà, la trentaine, le grand plongeon, l'obsession du foyer, l'inéluctable repli, la grande nidification. Tu imagines Victor en bon père de famille ? J'ai dû passer prendre un verre au Harry's Bar pour diluer l'image. Ils vont se marier aussi, pour l'enfant, les impôts, et le patrimoine bien sûr. Peut-être même à l'église, puisque Sophie, malgré ses santiags et sa passion pour Frida Kahlo, vient d'une famille lyonnaise, bourgeoise et catholique, comme il se doit. Et comme c'est les parents qui paient… Oh la mascarade ! Je n'arrive pas à croire qu'on y est déjà, je demande un sursis, je ne suis pas prêt pour la farandole des enterrements de vie de garçon, pendaisons de crémaillère, baptêmes, vacances au ski et journées rouges sur l'autoroute du soleil. J'ai dit un verre mais c'était cinq. Pour le reste, tous les clignotants sont au vert : la femme de ménage a passé mon pull en cachemire à la machine, les Biélorusses nous ont entubés sur une énorme négociation ce matin et les radiateurs de la chambre sont près d'exploser. Mais… UPS m'écrit trois fois par jour pour me dire que notre léopard est en route, et c'est LA bonne nouvelle du moment.

J’espère que tu tiens le choc dans ta chambre climatisée, Nicette.
Je tombe de fatigue, je vais me coucher. Demain sera mieux, c’est obligatoire.

Aurélien

Objet : Re : La vita è una commedia 01 h 31

De : aurelien.viotti@gmail.com
À : berenice.lescure@gmail.com

J'ai raté l'AG aussi, je suis désolé, je n'avais pas le courage. Victor va publier chez Gallimard.

Ils entendent la fin d'une phrase qui fuse, aiguë, dans le jardin incliné. Une enfant passe la porte de la maison en courant, dévale le terrain et se cache derrière un églantier, qu'on appelle aussi rosier des chiens et dont les fruits finissent ici en tisane rouge qu'on sert après le café, un peu de cynorrhodon ? Viens là, mets tes chaussures. La petite, pieds nus, se tait derrière le bosquet en fleur.

La mère sort à son tour, cherche l'enfant puis, à travers les thuyas qui forment la haie de cette parcelle pentue, aperçoit Michel et Magda tournant autour de la GTI.

Vous avez besoin d'aide ? Le portail automatisé s'ouvre lentement. C'est mauvaise veine de crever dans le virage.

La riveraine, avenante et désœuvrée, ne soupçonnait pas que ce modèle Peugeot puisse encore rouler. Elle se joint aux aventuriers pour contempler le pneu à plat. Où est cette fichue roue de secours ? On fouille le coffre : pas là en tout cas. Il faut appeler Bennie, elle doit savoir, elle a crevé il y a quelques années, avec Daphné, en route pour le Luberon. Michel sort l'appareil à clapet de sa poche et le tend à Magda, qui trouve le numéro dans le répertoire.

Papou ! Ça va ? Je suis en ligne pour le travail, dis-moi.

Il va très bien. Il est avec Magda, ils ont simplement crevé et ne trouvent pas la roue de secours.

En un instant, Bérénice se souvient, du Luberon, de la chaleur, du gilet phosphorescent que Daphné ne voulait pas enfiler ; la roue est emprisonnée dans un panier sous la voiture, le cric est sous le capot, derrière le phare droit. Magda va t'aider ? Vous êtes dans le quartier ? Attends, j'appelle le garage de la porte de la Chapelle, je les connais, ils vont t'envoyer quelqu'un.

À cet instant, l'enfant, qui a assisté à la scène depuis le bosquet d'églantier, lassée de se cacher sans qu'on la cherche, s'approche pour prendre part à l'aventure. Combien de fois t'ai-je dit de ne pas marcher pieds nus sur le gravier ? Va mettre tes chaussures !

Michel a plaqué sa main sur le micro du téléphone.

« Ça va, papou ?

— Oui. On est dans la circulation. Ne t'embête pas, Magda a déjà contacté un garage à côté. Je dois raccrocher. Je t'embrasse fort, Bennie. » Bruits de lèvres bécotant l'air.

La voiture est chaude encore, fumante, et on se brûle les doigts pour décrocher la roue. Et l'encoche maintenant ? Ça doit être à peu près ici. L'enfant revient, chaussée de sabots en plastique rose, et se met à tourner en pas chassés autour de la voiture tandis que sa mère consulte son téléphone : la roue doit être à 5 centimètres du sol minimum. À deux, accroupies et haletantes, la Suissesse et Magda donnent un nouveau coup de manivelle, et voilà que la GTI lévite. Retirez l'enjoliveur et utilisez la clé à molette pour dévisser les écrous. Impossible, ça ne cède pas. Vous voulez essayer ? Moi aussi je peux essayer ? Attention ! L'enfant indisciplinée monte sur la poignée métallique de la clé à molette avec ses galoches en plastique, sautille, et le boulon abdique, se dévisse ! Puis il continue sa révolution, tombe sur la tranche latérale, roule encore sur la chaussée, gagne de la vitesse, disparaît sous la voiture, ressurgit derrière le coffre, dévale la route, la petite pousse un cri et se lance à sa poursuite. Reviens ici ! C'est dangereux ! Je t'ai dit mille fois de ne pas courir sur la route ! Comme par ironie, une Maserati en transhumance se profile dans l'angle du virage. Tu vois ? Un accident est si vite arrivé.

L'écrou est perdu, il a dû finir dans le jardin des voisins. On retire le pneu, on place le nouveau, plus fin, plus frêle, qui ne supporte pas la vitesse – 80 kilomètres-heure max, vous ne pouvez pas rouler avec ça, hein, il faudra le changer dès que possible. Magda finit de visser les boulons, ne trouve pas le dernier, trois sur cinq, ça ira.

« Vous n'avez pas la vignette ?

— Quelle vignette ?

— La pastille autoroute. Vous feriez bien de l'acheter, les contrôles sont nombreux et les amendes exorbitantes. Si j'étais vous, je ne roulerais pas sans. Ni sans véritable pneu d'ailleurs, ni sans écrou. » La petite frotte ses mains sales sur son pantalon et opine de la tête. Elle fixe Michel et Magda qui remercient encore, enfournent le cadavre de caoutchouc à l'arrière, claquent le coffre, qui ne ferme pas, tant pis, remercient à nouveau, jetant presque la béquille sur le siège arrière. Soupirs, démarrage en côte, cramage express des plaquettes de frein, nouvel essai, ils sont libres, enfin, et gravissent trop vite la route ondulée. Fuir au plus vite les gens trop sérieux et trop bien intentionnés.

Objet : Opération Baïkal 10 h 04

De : aurelien.viotti@gmail.com
À : berenice.lescure@gmail.com

Qu'est-ce qu'on a raté, Nice ? Comment la vie est-elle devenue si cireuse, notre quotidien si confortablement étouffant ? Je nous croyais invincibles et la réalité nous terrasse d'une pichenette. Il lui a suffi de rassembler sa pauvre armée, d'attrouper quelques fantassins loqueteux, une chaudière à condensation et recaptage partiel, ta collection de seringues dans le frigidaire (d'ailleurs, je suis désolé, je crois que la femme de ménage les a jetées, le bac est vide), quelques collègues bornés, deux ou trois copropriétaires vindicatifs, et nous voilà terrassés.
J'ai mis une option sur un vol pour Kuwait City à 7 heures demain. Je te rejoins dans ta chambre aux camélias, on fait l'amour pour vaincre le maléfice, puis je t'enlève à ces infâmes pétroliers et on part vivre dans une cabane en rondins au bord du Baïkal ? On pêchera, on s'embrassera, on écrira. Souviens-toi, la vita è una commedia, on ne va pas se laisser avoir par des scénaristes sans imagination.
À demain, Nice chérie ?

Aurélien

Objet : Re : Opération Baïkal 14 h 03

De : berenice.lescure@gmail.com
À : aurelien.viotti@gmail.com

Faisons l'amour, excellent remède, voilà qui arrangera tout. Mais l'air sibérien parviendra-t-il à réchauffer tes ardeurs ? Ne crains-tu pas aussi que le froid n'engourdisse tes doigts et ne nuise à l'écriture ? Peut-être vaudrait-il mieux interroger Victor ; il saura te conseiller sur les destinations les plus propices à l'inspiration. De mon côté, je suis malheureusement trop occupée à sauver mon travail et répondre à l'avalanche d'emails de la copro suite à ta défection. Je suis fatiguée, désolée, je n'ai pas le temps pour ces nouveaux fantasmes de vie intrépide.

Daphné se hâte, sa frange blonde balance au rythme de son pas empressé. Elle sort de chez Christie's par le salon d'honneur où l'on reçoit les clients importants, par l'avenue Matignon, et se dirige vers le Berkeley. La terrasse du restaurant est bondée et le collectionneur mexicain s'est installé à l'intérieur, juste derrière la verrière, dans un coin discret, dissimulé par un ficus géant au tronc torsadé, dont les feuilles cachent son visage. Si bien que Daphné ne le voit pas parmi la foule des déjeuneurs, ne connaissant de lui que les portraits au regard conquérant qu'on trouve sur Internet. Il lui fait signe, aguerri à reconnaître des inconnues, a fortiori grandes, blondes et jolies.

Contre toute attente, il se comporte en gentleman. Son visage, tendu par l'alcool et l'acide hyaluronique, est élégant, bruni par le soleil des Caraïbes, adouci par l'argent. Il sourit, pose des questions qui ont peu de rapport avec la prochaine vente. Daphné tente de revenir aux œuvres, insiste sur la pièce maîtresse de la collection, *Les Palmiers* de Jean Dunand, une création hors du commun, monumentale, un ensemble de boiseries agrémentées de métal laqué, figurant de gigantesques palmiers cubistes, elle montre sur son téléphone ses propres photos, plus fidèles que celles du catalogue, fait miroiter les reflets des plaques d'acier dorées, le mystère de cette forêt géométrique, le jeu subtil des textures, propose de lui faire voir les œuvres la semaine prochaine par exemple, s'il est encore en France. Volontiers. Il imagine parfaitement les palmiers tapissant le fumoir de son hacienda. Vous ne voulez pas un verre de vin, vous êtes sûre ? Un meursault. Avec les huîtres. Alors Daphné, qui tient d'habitude à ses principes, au moins au déjeuner, accepte et écoute le Mexicain en profitant de l'air estival qui souffle l'odeur des jours refleuris jusque dans le restaurant. La foule parisienne, apprêtée, rôtit au soleil, soucieuse de se montrer, enfin, après la contrition hivernale.

Une jeune femme, une très jeune femme, s'approche de la terrasse, précédée d'une énorme valise en polypropylène – ou naphta vapocraqué – qu'elle fait rouler avec une majesté déroutante, habituée aux voyages et assistée par quatre roues multidirectionnelles et silencieuses en alliage caoutchouc et polycarbonate – naphta, naphta toujours.

Comme Daphné tout à l'heure, elle cherche son rendez-vous. Comme Daphné, elle est grande, jolie, mais plus piquante sans doute, puisque c'est ce qu'on dit des rousses, et un rien moins vêtue. Sa chevelure de sirène, lustrée, ondulante, coule sur ses épaules, et on ne voit d'abord que ça, que ce rideau cuivré qui aimante le regard des hommes et les rayons du soleil.

Puis, si l'on suit les ondulations de feu coulant le long du visage, on glisse jusqu'aux seins, qui durcissent sous les regards, et dont les tétons pointés impriment leur relief au tissu blanc d'un débardeur – ou est-ce une brassière ? – porté à même la peau, s'arrêtant au-dessus des reins. On s'émerveille de ce jean trop large qui laisse voir le nombril, le ventre, les côtes, les lanières d'un string vert, et dont on sait qu'il pourrait, d'un seul coup de vent ou de main empressée, glisser plus bas encore.

L'heureux gagnant, un jeune homme un peu frêle attablé en terrasse à quelques mètres de Daphné, lève la main et agite le bras comme font les marshallers pour séduire les avions. Mais comme la rousse ne le voit pas, ou ne le reconnaît pas, et qu'il a oublié ses balises lumineuses, il se lève, trop vivement, de peur qu'elle tourne le dos, qu'elle en choisisse un autre, plus beau, plus riche. Dans l'empressement, il bouscule sa chaise, cogne la table de son corps efflanqué et fait tinter les couverts, les verres à vin et la fine porcelaine. La rousse tourne enfin la tête dans sa direction. Il s'agite, accueille la jeune femme, tire sa chaise pour l'inviter à prendre place. Elle sourit de ses dents blanchies et bien rangées, pose son sac en strass sur l'épaisse nappe blanche, et plisse les yeux de bonheur, atténuant ainsi ce léger strabisme convergent. Face à l'aisance et la fluidité millimétrée des mouvements féminins, le jeune homme, de dos, paraît gauche et malhabile. Il entame sa parade d'une voix théâtrale.

Sous la ramure du ficus qui la dissimule, Daphné ne distingue pas le visage de celui qui triomphe en terrasse, mais happée par la voix familière, elle saisit des bribes de la conversation – des mots anglais convenus et un prénom allemand importable. Heidi ? Qui appelle ainsi son enfant aujourd'hui ? – malgré la logorrhée du Mexicain, qui revient finalement à la vente et voudrait en savoir plus sur les contraintes fiscales et logistiques qui pourraient faire obstacle à la sortie du chef-d'œuvre d'acier hors du territoire européen.

La rousse se mire dans l'écran de son téléphone, retouche son rouge à lèvres, sourit, photographie son plat, se photographie, demande à l'homme de la photographier, avec les cheveux en cascade sur la droite, puis sur la gauche, puis derrière les épaules, puis décoiffés, puis la tête renversée, bouche entrouverte, offerte, prête à croquer une fraise qu'elle tient de ses beaux ongles affûtés. Le Mexicain refuse que Daphné l'invite. I am not only a client, I am also a man, and we are in Paris. Il hèle le serveur. Le jeune homme bienheureux se retourne pour faire de même et Daphné, qui l'observe, recule par instinct sous le feuillage du ficus pleureur.

Bien distinguer LE gruyère, qui dans sa version originelle n'a pas de trous, de LA Gruyère, sa région d'origine, où se trouve le camping recommandé par le serveur torero, de la ville de GruyèreS, bourgade médiévale qui n'a pas de voitures, et que domine un château fortifié qui, lui, en revanche, a plein de trous, qui s'appellent des meurtrières, et que Michel appelle meurtrissures.

Magda, assise sur un banc, reprend son souffle face au parterre à la française et aux motifs géométriques de buis et tulipes qui décorent la cour du château. Altitude de Paris par rapport au niveau de la mer : 35 mètres ; Genève : 375 mètres ; vignoble de Lavaux : 620 mètres ; château de Gruyères : 830 mètres.

Les voitures étant interdites dans l'enceinte de la cité médiévale, l'air y est pur, assurément, mais plus pauvre déjà en oxygène. Magda siffle doucement des bronches, de sa voix farinée dit que tout va bien, ne t'inquiète pas. Protégée par la muraille de pierre, elle embrasse du regard les arbustes carrés et les fleurs symétriques, et plus loin, les autres remparts qui encerclent la ville, moutonneux de vert, tachés de neige à la pointe : montagnes, montagnes, montagnes.

Il y a bien sûr des Heidi en cascade sur Instagram, mais peu dont le compte est certifié, officiel, populaire, marqué d'une pastille bleue. L'algorithme, diligent, se charge d'aiguiller Daphné, lui propose les profils les plus alléchants, et bien vite la specialist repère une mèche cuivrée, un air mutin, ainsi qu'un œil qui dévie légèrement, dont Daphné ricane avant de prendre son courage à deux mains.

Objet : Bons baisers de Kuwait City 20 h 06

De : berenice.lescure@gmail.com
À : daphne.delavignere@christies.com

Excuse-moi, Daphné, j'ai bien écouté ton message mais je ne trouve le temps de te répondre que maintenant. Les plateformes du Moyen-Orient lâchent les unes après les autres et je passe mes journées rivée à mon ordinateur à me faire hurler dessus par des traders et des pétrochimistes paniqués. Avec le shoot d'hormones, ça fait un sacré combo. Tout ce dont je suis capable ce soir c'est de sombrer sous mes deux édredons pour me soustraire à la clim ; mais je te rappelle demain ? Tu avais une drôle de voix, j'espère que tu vas bien. Je t'embrasse.

B.

Michel et Magda ouvrent le coffre et extirpent la canadienne, les sardines et le maillet. Prenez l'emplacement de votre choix, a dit le jeune Suisse à l'entrée. À droite, les mobile homes, à gauche, les bungalows préfabriqués aux couleurs pastel, et face au lac, quelques tentes de novices. C'est là qu'il faut planter leurs piquets. Le camping en Suisse est une chose sérieuse, qu'on pratique avec application et dignité. Les tentes sont rares – les campeurs aguerris favorisent les camping-cars ou les combis Volkswagen avec toit télescopique transformable en chambre d'enfant – et les quelques malheureuses yourtes plantées sur la bande lacustre disposent au minimum d'un auvent et d'un ensemble de chaises et table assorties. Dans les blocs sanitaires, immaculés, des valses de Johann Strauss diffusées en boucle couvrent les bruits d'ablutions. Et pas un cheveu sur le carrelage ou dans les grilles d'évacuation, Michel et Magda s'extasient.

Ils choisissent le meilleur carré de pelouse, face au lac, puis déplient la tente. Chacun à un bout du polyèdre, ils secouent vigoureusement pour trouver l'entrée, épaulés par le vent qui se lève d'un coup, veut jouer avec eux, fait claquer et bouillonner la mer de polyester, puis chanceler Michel, qui s'agrippe au tissu – il y tient, il veut l'aider –, mais capitule finalement face aux bourrasques et lâche prise. Il y a deux sillons de fermeture Éclair qu'on distingue dans les plis matelassés ; c'est l'ouverture ; Magda va s'y faufiler avec le piquet central. Elle tend auparavant à Michel un coin percé d'un œillet métallique, tiens ça fermement s'il te plaît Micha, puis faisant craquer ses genoux elle s'accroupit et disparaît dans l'antre bleu. Il y fait sombre et chaud. Elle avance à genoux, tâtonne, et malgré l'odeur de colle et de marécage qui irrite la gorge, parvient à planter le piquet. Puis elle prend appui sur ses mains pour se relever, sortir, reprendre de l'air, mais tandis qu'elle se tient à la tige de métal, le grand drap s'emballe autour d'elle et la fait chavirer.

À la fenêtre du camping-car garé plus haut, un visage s'inquiète de cette forme toussante et titubante. Michel, lui, tient fermement l'œillet et piétine, impuissant, inutile, autour du fantôme bleu en détresse. En un instant, le voisin enjambe le marchepied de sa compacte demeure, les rejoint d'un bond, saisit la toile imperméable, trouve immédiatement la sortie et libère Magda. Il la tient encore par le bras tandis qu'elle happe l'air, la bouche grande ouverte, et l'aide à dégager de son visage les cheveux blancs en désordre. Puis il apporte une chaise longue de sa collection, et y assied Magda avec autorité. Il s'appelle Marcus, enchanté. Il va les aider. Déjà, il donne de mâles indications, rapides et assurées, manie le maillet et guide les opérations, tandis que Michel, à genoux, est sommé de tenir les haubans du bord opposé. Les hommes sont à la manœuvre ! En un quart d'heure, ils ont planté sur la terre meuble un abri robuste en forme de Toblerone et le poumon de Magda bourdonne tranquillement.

Je vous offre un verre ? Michel va décliner poliment, mais trop tard, pourquoi pas, dit Magda, qui se redresse et sourit au voisin protecteur. C'est la première fois que vous campez ? Il allume une bougie à l'odeur acide qui protège des moustiques. Lui est un habitué. Il raconte ses vacances, sa vie, ses enfants, ses petits-enfants, et dévisage Magda, intrigué par ses yeux étranges, plus lavande que jamais.

« Vous avez des enfants, vous ?

— Non. »

Michel presse ses doigts tordus sur le genou de Magda. Silence à l'odeur de citronnelle. Peut-être que s'y diluent quelques gouttes de tristesse, pour les enfants inexistants et ceux grandis trop vite. Ou peut-être simplement qu'ils sont fatigués du périple.

Marcus ressort du mobile home avec la bouilloire et une boîte en fer remplie de sachets de thé et de dosettes Ovomaltine. Sur l'emballage orange de la boisson protéinée, la devise prévient : « Mit Ovomaltine kannst du's nicht besser. Aber länger[1]. » Honnête, concède Magda. Horrible, pense Michel, qui sur la chaise en plastique s'accroche à ses épaules, les enserre de ses mains, barricadé contre l'opiniâtreté tranquille de la vie et de leur

1. « Grâce à Ovomaltine, ça ne sera pas forcément mieux, mais ça durera plus longtemps. »

voisin gavé de santé. Si peindre, jardiner, planter une tente ou marcher droit sans béquille est maintenant hors de portée, alors à quoi bon ? Il n'écoute plus la conversation.

Sinon, la gloire du canton c'est le trio des dents : dent de Broc, dent du Bourgo et dent du Chamois. Une belle expédition. Assez facile, pas trop longue, avec vue panoramique. Le sentier est bien balisé. Il n'y a que la fin qui est un peu escarpée… Mais bon, vous n'êtes pas obligés de monter jusqu'en haut. C'est pas la compétition hein !

Objet : Re : Bons baisers de Kuwait City 21 h 03

De : daphne.delavignere@christies.com
À : berenice.lescure@gmail.com

Tu sais, j'ai vraiment hésité avant de te parler de tout ça et je me demande encore si j'ai bien fait.
C'est aberrant, je suis désolée. Ces réseaux sont une horreur et cette Allemande louche.
J'espère vraiment que je n'ai pas été indélicate et que vous pourrez bientôt régler ça au calme avec Aurélien.
Je t'embrasse très fort, tu sais que tu m'appelles quand tu veux. Bonne nuit, Bérénice, ma chère amie.

Daphné

Sous la voûte bleutée de la tente, ils ont rapproché les tapis de sol ultra renforcés, molletonnés, avec revers à picots – exactement le même relief que les boîtes à œufs –, pour laisser respirer la peau et amortir les os. Ils ont ouvert les duvets au maximum, déplié ces couvertures de sarcophage, et les ont superposés pour former un royal édredon. Michel éteint la lampe dynamo suspendue au piquet, bonne nuit Magda, my love, pardon d'être un si mauvais compagnon de voyage. Le sommeil tarde à venir et ils chuchotent longtemps.

22 heures. Bérénice défait le bouton de son pantalon trop serré, se penche au-dessus de son nombril, cherche un endroit vierge, pince la peau et pique là où la couture a laissé une sorte de cicatrice cheminant entre les taches violacées. Expéditive, elle fait pénétrer la dose sans crainte ni pitié, puis laisse la seringue sur la table de chevet et pose un instant la tête sur les oreillers carrés, immaculés, gonflés à bloc.

Elle se couche sans défaire le couvre-lit, s'allonge tout habillée à même le tissu brodé de camélias. Bérénice éteint la lampe de chevet et, dans la suite froide et silencieuse, on ne voit plus que la petite lumière bleue et rectangulaire de son téléphone, sa veilleuse pour la nuit. À nouveau, elle fait défiler les photos, shoot de chair et de couleurs, les observe, les détaille, les compare, plongeant dans la genèse du stupre. Certaines vendent du rêve et du désir, elle, du pétrole distillé.

Michel et Magda se réveillent sur un radeau de boîtes d'œufs, flottent au milieu d'une mare de pluie. L'averse a transpercé la tente, imbibé le sac à dos, les serviettes, les habits, trempé les provisions, les papiers de la voiture et le Guide Vert. Un détail, Magda s'en souvient maintenant : ces deux cylindres en métal dont ils ne savaient que faire hier soir, ces entretoises – le nom lui revient –, fallait-il les planter sur les piquets dressés vers le ciel, de façon à ménager un espace entre la toile et la surcouche et empêcher ainsi l'infiltration des gouttes ? Ah, ça, l'homme qui plantait des tentes n'y a pas pensé !

La pluie a cessé mais le ciel reste bas et prêt à fondre en larmes. Magda s'extrait avec précaution par l'ouverture triangulaire, tente d'enjamber une flaque en posant ses orteils sur les tennis qui surnagent, mais abandonne vite la partie et écrase ses pieds dans l'herbe humide. Elle tend une main à Michel, le hisse, et le voilà lui aussi dehors en pyjama. Nom de Dieu ! Vite, elle va chercher dans la voiture la nappe de pique-nique qui a passé la nuit au sec, et ils grelottent ensemble sous le dais fleuri, devinant les regards des voisins suréquipés, à l'abri dans leur mobile home 4 étoiles. Mais les Suisses ne sont pas ceux qu'on croit, et l'un d'eux, garé bien plus bas, les hèle depuis une petite fenêtre carrée à store automatique. Qu'est-ce qu'il veut ce con encore ?

Il leur fait signe d'approcher. Magda passe un pull humide sur sa veste de pilou, chausse ses claquettes et obtempère. Elle revient avec deux tasses dans les mains. « Il veut juste nous offrir un café, tiens.

— Tu es sûre que c'est pas de l'Ovomaltine ? Fais gaffe, parce que si tu bois ça, tu vis jusqu'à cent sept ans. Impotent et perclus de rhumatismes peut-être, mais très longtemps. »

Michel lève la main quand même, remercie l'homme, au loin, dans sa cabane de tôle blanche, puis ils s'installent dans la voiture. Le café du gentil voisin est dégueulasse, même Magda en convient. Et elle a le dos en capilotade.

« Pas toi ?

— Pas du tout. » Il n'ose plus se plaindre. Ça va parfaitement, il a dormi comme un bébé. D'ailleurs, dès qu'il rentre à Paris, il échange son matelas à mémoire de forme contre un tapis de camping en boîte d'œufs.

Ils sourient, balancent la fin du café par la fenêtre, puis essorent, sèchent, essuient et remballent, fourrent leur attirail dans la GTI et quittent le camping pour reprendre la route, trempés, sans tenues de rechange ni vignette, sans vrai pneu ni écrous.

Sans se retourner, Bérénice cogne du poing dans la pile d'oreillers, tassant plus encore la pyramide de plumes. Les rideaux sont tirés, elle est assise en tailleur, l'ordinateur posé sur les genoux, comme lorsqu'ils lisaient au lit le dimanche, l'un contre l'autre dans la chambre d'étudiant en attendant que le café soit prêt. La fenêtre IceChat clignote à nouveau. Bérénice supprime le message de l'acheteur, malgré la profusion de points d'exclamation. De toute façon, elle n'a rien de nouveau à lui annoncer, elle clique sur l'onglet d'Instagram. Sur l'ordinateur, elle peut agrandir les détails des photos, mieux juger du grain de peau et du degré de félicité d'Heidi, personnage plus coloré, plus sensuel et plus outrancier que tous ceux qu'Aurélien et elle avaient imaginés pour la série de romans à venir.

Le téléphone s'agite et scintille. Huitième appel de la DG, il va bien falloir décrocher. Pendant ce temps, un soleil matinal étrangement acéré tombe sur le 13e arrondissement. La rousse recule sa chaise et s'accoude au balcon en moucharabieh. Can you make sure you have the river in the frame ? Elle ébouriffe sa coiffure, tire sur sa nuisette et croque dans un croissant croustillant. Des miettes tombent dans son décolleté et se collent à ses seins. Oupsy ! Elle rit face à la quintuple caméra du téléphone et creuse ses fossettes pour illustrer la joie que causent les petits plaisirs du quotidien. Oh my God ! Vous vous foutez de moi, Bérénice ? Bien sûr que c'est votre problème. C'est même précisément ça votre job, c'est pour ça que vous engrangez 200 K le reste de l'année en quittant le bureau à 18 heures : pour gérer l'impossible quand il se présente. Après le petit déjeuner, l'Allemande, pieds nus, esquisse un pas de danse sur une peau de léopard. Magie des couleurs complémentaires, les pigments verts sur la toile à l'arrière-plan font ressortir sa chevelure de lionne et elle rugit d'un air mutin. Débrouillez-vous, épluchez votre carnet d'adresses, et s'il n'y a pas de cargo sur le marché, vous me l'inventez. Et vous rappelez Glencore dans la soirée avec une offre pour le Q3, et une com' digne de ce nom au passage.

Heidi rit, court en talons le long des quais, même pas peur de tomber à l'eau, puis elle part à l'aventure, sillonner le centre de Paris, tourbillonner dans le jardin du Palais-Royal. Aurélien, éberlué, la talonne avec l'objectif, retrouve sa jeunesse, et peut-être même un soupçon d'innocence, artificielle certes, mais doublement délectable, comme un détail saugrenu que l'on décèlerait dans un trompe-l'œil baroque – un mouton aux oreilles noires, un arbre dont les feuilles forment un visage –, plus précieux et ludique sous le pinceau du peintre que dans la nature où il passerait inaperçu.

Toute en boucles souples et courbes dévoilées, la

rousse ondule autour de la colonne Vendôme, sur les Champs-Élysées, le long des Tuileries. Un bruit métallique éteint ce bonheur. Batterie faible. Sans quitter le lit, Bérénice se penche, tâtonne jusqu'à la prise électrique, bouscule la lampe de chevet à abat-jour fuchsia, la débranche et la remplace par l'ordinateur. Tu as eu Sylvie ? T'es au courant que ton client est passé en direct avec Sonatrach ? Bérénice a la chair de poule. La clim sans doute. Elle se lève pour ouvrir la fenêtre, laisse pénétrer l'air moite et asphyxiant. Elle n'est pas sortie depuis… avant-hier soir ? Est-ce que l'aller-retour à la réception compte ? Elle a les avant-bras marbrés de froid et les oreilles gelées. Fais gaffe Bérénice, on peut pas se faire court-circuiter par les rois de la Méd.

Ils ont pénétré dans le décor rococo d'un salon de thé arborant lustres, stuc et colonnades. Heidi commande un chocolat liégeois et fourre son nez dans les volutes de crème chantilly. Effrontée, malicieuse, joyeuse, elle rit à nouveau. Mais t'as vérifié la clause d'origine ? Tu peux pas récupérer la cam de Sonatrach, t'es complètement malade, meuf, tu sais bien qu'ils veulent du field grade. Heidi sort un petit bout de langue rose, tel un adorable faon, et se lèche les babines qu'elle a fraîches et ourlées. De sa cuillère d'argent, elle éventre un dôme en crème de marrons, écrabouille la meringue immaculée et, Oh my God ! s'exclame-t-elle face à son téléphone, d'une voix traînante à la Brigitte Bardot, prélude à l'orgie sucrée. It's sooo fucking delicious ! Tu vas te faire griller, Bérénice. Je sais que Sylvie te met la pression mais t'es pas responsable des crackers algériens. Tu veux pas leur offrir la com' sur les deals à venir plutôt ? Heidi parle fort, on se retourne, on les regarde, il exulte et l'immortalise dans un déluge de clics. Bérénice ? Tu veux que je rappelle Glencore ? À partir de maintenant, plus que tout, Aurélien aime la crème de marrons, la crème tout court, les rousses et l'inconséquence. Revanche lipidique et libidineuse. Hé, Bérénice ?

Le poids dans sa poitrine grandit, envahit toute la cage thoracique, écartèle les viscères, l'oblige à rabattre l'écran de l'ordinateur et à se courber en avant. Elle attend immobile, sur le lit, que la douleur cesse, que le calme revienne. Pendant ce temps, Heidi se mire dans les miroirs, se sourit, s'aime, et adresse un baiser à sa communauté. La pyramide de coussins s'écroule, Bérénice, le ventre douloureux et bleui d'hormones, les seins plus tendus encore que ceux de l'Allemande, se recroqueville sur le lit rose.

7 h 08 : 4 appels en absence

7 h 09 : Nice, je viens de voir ton message sur Instagram. Je ne sais pas par où commencer, comment t'expliquer. Je ne savais même pas que tu utilisais encore ton compte. Je voudrais te parler, rappelle-moi s'il te plaît. Je t'embrasse.

8 h 07 : 1 appel en absence

8 h 12 : Bérénice ?

09 h 57 : 4 appels en absence

10 h 00 : Nice, je peux te rappeler à l'heure du déjeuner ?

10 h 05 : Nice chérie, réponds, s'il te plaît.

12 h 40 : 3 appels en absence

12 h 41 : Je voudrais te parler de vive voix. Je suis désolé. Je t'aime, je t'embrasse. Réponds-moi.

16 h 09 : Tu m'inquiètes, Nice. Dis-moi juste que tout va bien.

17 h 37 : Je m'inquiète, Bérénice.

19 h 27 : 2 appels en absence

21 h 04 : Bérénice, je t'en prie.

22 h 00 : Alarme injection Gonal-F + Decapeptyl

22 h 01 : Je viens de t'envoyer un email.

22 h 09 : Rappel injection Gonal-F + Decapeptyl

Objet : 21 h 58

De : aurelien.viotti@gmail.com
À : berenice.lescure@gmail.com

Quelle tristesse, quel gâchis. Je suis désolé. Je voulais que notre vie ressemble à un roman ; je l'ai transformée en pièce de boulevard. Pardonne-moi, Nice, s'il te plaît. Qui est cette fille ? Que fait-elle dans notre salon ? Je ne comprends pas moi-même, à vrai dire. Il y a quelques mois, je l'ai suivie sur Instagram, comme des centaines de milliers de jeunes mâles abêtis et désœuvrés, pour fuir le travail et la pesanteur ambiante. J'ai échangé quelques messages avec elle, je me suis laissé charmer par ces images vulgaires et ostentatoires, par cette illusion de légèreté en contrepoint de notre installation. Lorsqu'elle est venue récemment à Paris pour un shooting, j'avais encore Victor en tête, son enfant, son roman, ces journées passées au bureau sans gloire ni triomphe, la fatigue accumulée et cette distance glissée entre nous. Que dire d'autre ? J'ai été naïf, j'ai cru un instant à cette simili-vie, à ces pauvres plaisirs filtrés et amplifiés. J'ai voulu avaler une gorgée d'éther, respirer une bouffée d'opium, je me réveille honteux et triste dans la peau d'un trentenaire en déroute. Je sais bien que je ne suis pas à la hauteur de ce dont je rêvais, de ce qu'on s'était promis, de ce que je te dois, j'y vois clair depuis cette fausse épiphanie séquencée en vignettes. Mais je voudrais recommencer, Nice, lutter, avec toi, sans relâche, contre la désillusion, l'habitude et le sérieux de notre vie d'adultes. Je crois sincèrement que nous y arriverons si tu le veux aussi, que nous trouverons une belle façon d'être ensemble, que nous nous aimerons

longtemps, malgré le travail, les amis qui s'installent, les copropriétaires en folie, les hostilités du quotidien, malgré ma bêtise, malgré nos échecs.
Pardonne-moi, Nice, je t'en prie, et fais-moi confiance. J'aimerais te rejoindre à Kuwait City, prendre ton beau visage entre mes mains, traverser les semaines, les mois, les années, retrouver le bonheur de nos lectures communes, croire encore à la grande aventure, guetter la jeunesse et oublier ce triste présent. Il faut que tu me répondes, que tu me pardonnes, Nice, parce que je t'aime. Plus que tout.

Aurélien

C'est déjà fini ? La pluie toque doucement contre la carrosserie, de petits coups secs, dix mille fois répétés. Rentrer à Paris et attendre sagement que la vie s'étiole ?

Ils se sont assis tous les deux à l'arrière. Magda caresse la main noueuse posée sur son genou, puis remonte vers l'avant-bras, suit les ruisseaux de veines épaissies avec l'âge, se fraie un chemin à travers les taches de soleil. Elle embrasse les paupières d'aveugle. Lui prépare-t-elle un miracle à la Bethsaïde ? Un coup de langue sur la pupille, une imposition des mains, et voilà que le baume de salive redonne sa netteté au paysage ?

« J'aimerais, mais je suis meilleure en changement de pneus qu'en miracles, dit-elle de sa voix poudrée.

— C'est toi mon miracle. »

Ensuite, elle somnole un instant, la tête sur les genoux de Michel, qui parle tout seul face au grand champ désert et trempé. Non, ce n'est pas fini.

Voilà, la douleur s'est enfin immobilisée, minéralisée en un vide immense et silencieux.

Tant mieux. L'être humain fonctionne mieux une fois le cœur anesthésié, l'esprit s'aiguise, s'affûte, gagne en lucidité. Seule piétonne de la ville, Bérénice arpente les rues de Kuwait City. Rien de grave, rien que de très banal dans ce mélodrame parisien. Elle se chuchote des mots raisonnables dans la fournaise du soir. La vita è una commedia, tant pis pour le croyant qui perd sa foi, les promesses n'engagent que ceux qui les croient. Une odeur étouffante de pomme cuite et de pétrole pèse sur la ville, brûle les paupières, sature l'atmosphère, il suffirait d'ouvrir la bouche, de sortir la langue pour en avaler une lampée, se gaver de sucre et de kérosène. Mais Bérénice ne mange plus, le cœur de chair est devenu cœur de pierre, indifférent à la faim et au soleil du Golfe. Elle apprécie même cette chaleur accablante qui crame la peau, dégrise, et pèse sur les épaules tout comme la vie, la vraie, celle qui s'installe une fois passé les serments et les grandes illusions. Certes, on s'attendait à plus de panache après tous ces présages, on avait commandé du grand, du beau, du fort, une épopée, une ascension grandiose au-dessus du monde et de sa laideur, mais c'était sans prendre garde aux éboulis et aux glissements de terrain. Fin de l'enchantement. Dans quelque temps il faudra rentrer à Paris, déblayer les gravats de leur grand amour et dresser l'inventaire. Pour l'instant il reste : du pétrole, des dollars et un léopard.

Bérénice cesse bientôt de murmurer, essuie sur son visage les dernières larmes mêlées aux gouttelettes de transpiration, puis lève les yeux sur la ville opaque et poussiéreuse. Elle suit du regard la file de 4 × 4 et de SUV qui sinue à l'infini devant elle, scrute l'horizon des tours miroitantes, reconnaît la plateforme de Khashman à l'arrière-plan, qui, elle, ne fuit pas encore et exhale comme si de rien n'était ses vapeurs pétrolières montant en fumée sombre. Qui devinerait, dans cet air mazouté, le calme complot qui se prépare ?

Objet : Annulation rdv 13 h 21

De : berenice.lescure@gmail.com
À : consultatieCRG@uzbrussel.be

Bonjour,

Je ne serai malheureusement pas en mesure d'honorer le rdv de prélèvement prévu le 10 juin. Je vous prie de m'en excuser.

Bien cordialement,

Bérénice Lescure

L'hôtel ne paie pas de mine, malgré les 3 étoiles. C'est un grand chalet tapissé de moquette grise à l'horizontale et de pin brut à la verticale, égayé simplement par quelques anciennes réclames pour la marque de chocolat Cailler. La chambre ressemble à celle d'une auberge de jeunesse, à la différence près que sur le couvre-lit rouge les serviettes de toilette sont pliées en forme de cygne. Ils commandent du champagne hors de prix, se douchent, se drapent de plumes de cygne et trinquent à la Suisse, à l'amour, à l'ascension de demain.

Un vent de pollen pénètre par la fenêtre ouverte et frôle leurs pieds nus. Deux flûtes encore, puis deux autres, puis une nouvelle tournée, puis, est-ce la peine de compter ?

La trachée de Magda chuinte à chacun de ses mouvements, on l'entend même sous la couette croustillante d'amidon. Dans son sommeil alcoolisé, Michel voit d'immenses montagnes striées de rigoles de champagne dans lesquelles on peut se baigner. Avec Magda, ils déplient la tente canadienne, la jettent sur le flot pétillant et s'en font un radeau qui dévale la pente à toute vitesse, dégommant quelques géraniums au passage. Ils foncent, cheveux au vent, iris écarquillés, croisent Bennie dans leur course, à dos de chamois, qui agite la main et leur sourit.

La fenêtre est restée ouverte. Ils sont nus, étalés sur le ventre. Le sifflement de Magda est calme et régulier maintenant. Elle s'est arrimée à Michel, la main calée sous son bassin, la paume sous l'os iliaque. Une brise fait frissonner les bordures en percale des taies d'oreillers. Tout est bien.

Bérénice ne parvient pas à faire tourner la clé, la serrure résiste, fermée de l'intérieur. Il ouvre, Nice, ma chérie, la prend dans ses bras, l'étouffe, lui fait presque mal. La tendresse brûle. Il prend son sac, ses bagages. Tu dois être fatiguée. Comment c'était ? Tu m'expliqueras ? Dans le salon, tout est à sa place. La peau de léopard a disparu. L'Allemande s'en est sûrement fait un manteau. Aurélien embrasse Bérénice, son front, sa nuque, ses bras, ses poignets brunis par ce séjour au pays du pétrole, et la suit jusque dans la salle de bains. Ils se regardent dans le miroir. Cessent de parler. C'est jeudi, la femme de ménage est passée. La glace est nette. Bérénice repose le savon, l'observe qui crache un filet de bulles sur le rebord de l'évier, puis se rince les mains et, alors qu'elles sont encore humides, saisit l'encolure de son t-shirt, le fait glisser sur ses épaules, tire encore sur le tissu, baisse les bretelles de son soutien-gorge, découvre ses seins et les offre au reflet d'Aurélien. Il hésite. Elle le fixe, enlève ses autres vêtements. La voilà bientôt nue, qui presse son corps contre le costume ajusté. Il a gardé ses chaussures. Elle le scrute dans le miroir pendant qu'il se colle contre son dos, l'enserre de ses bras minces et inquiets, respire l'odeur de sa peau, puis comme elle le provoque, immobile, consentante, la pénètre, debout. Quand le regard dans la glace le gêne trop, il lui dit embrasse-moi, et Bérénice, qui se retourne pour le prendre dans ses bras, glisse sur le tapis de bain. Elle se cogne au lavabo, tombe à terre dans un son mat, emporte Aurélien avec elle. Il veut s'interrompre, se lever, mouiller une serviette, la remplir de glace, apaiser la contusion, mais elle le retient, réclame une preuve de repentir, au moins autant d'ardeur qu'il en a donné à l'autre, et pas de précautions cette fois, ne crains rien.

Après la jouissance, Aurélien, qui porte encore sa chemise et un reste de pantalon, s'allonge à côté d'elle sur le carrelage, caresse son précieux visage retrouvé, ses cheveux collés par la sueur, embrasse sa tempe d'où s'échappe un minuscule filet de sang. C'est lui cette fois qui a les yeux humides. Sur le front de Bérénice, la balafre rouge entérine leurs retrouvailles. Entre ses cuisses, la victoire, imperceptible encore, coule d'une autre couleur.

Ils sont partis tôt, levés juste avant 6 heures, précédant le soleil de quelques minutes. Ils roulent en direction de Bulle, puis Broc, et laissent ensuite la voiture à côté d'un chalet. Tout le monde dort. Une guirlande de minuscules drapeaux, verts, rouges, jaunes, bleus, blancs, suspendue entre le toit de la chaumière et la branche d'un frêne, claque au vent. Un peu plus loin, un piquet hérissé de panneaux jaunes propose des dizaines de boucles et chemins alléchants ; deux heures et demie pour la dent du Chamois. Altitude 1 830 mètres. Ils sont seuls dans cet eldorado de randonneurs.

Le chemin serpente doucement, ondule à travers les sapins, les boutons-d'or et les vaches ensommeillées. Ils avancent, taches claires par les sentiers que le matin vient juste d'allumer. Ils croisent des refuges qu'on croirait reproduits d'après carte postale. Magda ! Elle respire si fort. Un chuchotement continu sort de sa bouche ouverte, comme une plainte faite d'air froissé. On avance, dit-elle d'une voix étouffée. Ils ne s'arrêtent que plus loin, après le champ de chardons, et s'asseyent sur la souche d'un arbre mort, ahuris d'effort déjà. 1 830 mètres, combien en reste-t-il encore ? On continue, dit-elle. Ils poursuivent leur périple, traversent à petits pas les alpages déserts, leurs corps lourds et malhabiles, dolents mais tenaces, gorgés d'une force sourde. Tu n'as pas les mains qui gonflent, toi ? Peut-être. Michel ne distingue plus bien. La fatigue et l'effort lui brouillent davantage la vue. Mais dans sa paume, celle de Magda est chaude, tendue effectivement, enflée, déformée. Ce n'est rien, c'est le mal des montagnes, on continue. Une colonie de chamois détale au loin. Tu as vu ? Il veut retirer le sac à dos pour atteindre la gourde, bois un peu d'eau, my love, mais le manteau Bibendum gêne ses mouvements. Il se débat, les bretelles accrochent. Ne t'inquiète pas. Elle le calme de son souffle de rocaille. Je respire, on continue. Jusqu'à la pointe de la dent, tout en haut de l'incisive. L'eau fraîche lave un instant sa gorge, libère les bronches, charrie toute la poussière de la vie, comme les torrents emportent les alluvions. Le chemin, maintenant rapetissé, traverse un sous-bois qui s'épaissit, se transforme en forêt. La terre est tendre et la béquille s'enfonce dans le sol argileux. Sans le ronronnement sorti de la poitrine de Magda, on entendrait leurs os craquer, leurs ligaments se tendre et gémir du labeur, le sang bouillonner dans les carcasses usées.

Lorsqu'ils quittent le bois et l'ombre des branchages, le soleil est monté dans le ciel. Il les attend patiemment au sommet, juste en haut de la dent, et, chef du royaume aérien, surveille pendant ce temps tout un champ de nuages, agités comme le froment sous la brise d'été. Voilà que la pente se raidit. Le col, ensuite, n'est plus si loin. De rares sapins se serrent encore les uns contre les autres, mais quelques mètres plus haut la roche détrône l'herbe, se découvre, se dénude, et l'altitude augmente. Magda trébuche. Michel aussi puisque c'est elle la guide. Il la serre dans ses bras, les jambes fières, bien écartées pour l'équilibre, caressant les épais cheveux blancs.

« Légère hypoxie, je connais, ce n'est rien.

— Tu es sûre ?

— Et toi, tu es sûr ? »

Il est midi, le soleil est au zénith. L'air glacé se distend, le monde autour s'agrandit. Il n'y a plus qu'à suivre la nervure escarpée, l'arête rocheuse juste assez large pour poser le pied, muraille qui s'effile jusqu'à la pointe de la dent. Ils s'y engagent, puis s'arrêtent un instant, s'asseyent au bord du promontoire. Les jambes dans le vide, ils admirent le monde minuscule tout en bas. Magda souffle doucement et sourit, laissant apparaître de petites touches d'ivoire bien alignées qui éclairent le paysage érodé de son visage. Viens plus près, my love, que je te voie mieux. Et le chapelet d'ivoire et la rive du front, et les yeux perdus. J'ai le vertige, pas toi ? Au-dessus : rien que du bleu ; en dessous : rien que du vide et du vert, et le monde qui grandit encore, ne cesse de croître sous la lumière tranchante. Rapproche-toi. Le corps gourd et maladroit, ils se serrent, jambe contre jambe, bras contre bras, main dans la main et l'autre sur la roche, chavirés d'air frais et rassasiés de jours. Les chamois les observent, attendent. Et puis ça y est, ils plongent, ils ont plongé. Fiers et vaillants dans le bleu immense, disparus déjà dans les replis de la vie.

Le lendemain, Bérénice ne va pas travailler. Après le départ d'Aurélien, elle marche le long des quais jusqu'à Austerlitz, revient, se retient de passer à la pharmacie, c'est trop tôt, il faut attendre d'avoir du retard, puis commande dans la rue adjacente un bubble tea à emporter, qu'elle boit lentement sous les tilleuls qui ne cessent de refleurir. La journée est claire, prometteuse. Papou ? C'est moi. Tu as eu mes messages ? Je suis rentrée, tu sais. J'ai du temps aujourd'hui, je passe te voir pour le déjeuner ?

Merci à mes chers amis Adèle, Brice, Louise et Sara d'avoir lu le manuscrit de ce roman avec tant de bienveillance. Mention spéciale à Mrs Watson et Marie Descourtieux pour leur patience et leurs conseils avisés.

Merci à Lucia Zarcone d'avoir aidé la nonna à améliorer son italien.

Merci également à Charlie Bobo de m'avoir dévoilé les secrets de son métier de peintre, et à Sophie Bodenheimer de m'avoir fait découvrir le courtage en hydrocarbures.

Ce roman a en partie été écrit en Suisse, dans une cabane, la plus confortable qui soit, plantée au milieu d'un champ verdoyant du canton de Vaud. Merci à la Fondation Michalski de m'avoir accueillie en résidence.

Merci enfin à Maud Simonnot, Gabrielle Lécrivain et Ludovic Escande, qui ont permis à ce roman de voir le jour.

Composition : Nord Compo.
Achevé d'imprimer
sur Roto-Page
par l'Imprimerie Floch
à Mayenne, en mars 2024.
Dépôt légal : mars 2024.
Numéro d'imprimeur : 104530.

ISBN 978-2-07-306260-4 / Imprimé en France.

628639